퇴폐에
대하여

퇴폐에 대하여

박종성 지음

인간사랑

: : 머리글

끈끈하고 질척거리는 콘셉트 하나가 있다. 진솔히 말하자면 그리들 수군거리는 단어가 있다. 언어가 언어인 것은 쓰임새와 의미망이 일정 기간 힘을 발휘하고 그처럼 통용되는 나름의 이유를 오롯이 간직하기 때문일 것이다. 한 단어의 뜻을 그리 사용하거나 이해의 틀을 바꿀 수 없었다면 그만한 까닭이 있었으리라고 생각하는 게 옳을지도 모른다.

언어 앞의 편견을 잘게 썰어 찬찬히 들여다보는 일은 그래서 만만찮은 부담과 오해를 무릅써야 한다. 게다가 쉽사리 끝나거나 말끔한 뒤처리를 장담할 수도 없는 난감한 사단事端의 원인이 될 때도 많다.

말과 글의 표현에 앞서 각 구성분을 하염없이 바라보거나 내쳐 들여다보는 일이 어찌 병이 될 수 있으랴. 말 한마디의 뜻이 헛갈릴 때 괜찮기로는 그걸 뒤집거나 거울에 되비쳐보는 법도 있긴 있다. 이를테면 '자유'의 의미가 (가을하늘 마냥) 느닷없이 공활空豁할 때 '구속'을 떠올린다든지, '만남'이 뭔지 애매하기만 할 때 '헤어짐'의 순간을 있는 대로 줌인zoom in하여 역설의 묘미를 맛보는 일 같은 것 말이다.

같이 있는 게 귀찮아서 바라고 바랐던 '홀로 됨'도 정작 다가오면 짐인 것이야 겪지 않고 어디 알 일이랴. 그리하여 맞이한 덜 '성가심'도 아예 이들 두 의미를 합쳐 깨달을 수 있는 경험의 미학이자 언어로 터득한 이미지의 지옥일 것이다. 본디 그랬던 것인지, 아니면 닳고 닳아 생겨난 상처인지 이제는 헤아리지 못할 아련함만 마음 한 구석 몰려와도 하는 수 없다. 넷째 손가락마다 옴폭 파이도록 끼고 다니는 민무늬 반지의 하릴없는 '뜻'처럼.

앞이 궁금할 때 뒤를 캔다든지, 속내가 희한하기만 할 때 껍데기에 연연戀戀하는 작업도 반짝일 때는 따로 있다. 더디고 또 더디지만 가야 할 길이 있거나 힘이 부쳐 내려놓고도 싶지만 들고 있어야 할 일이 있는 것처럼 언젠가 끝이 날 때 알아차리게 되는 보람처럼 말이다. 그게 꼭 인문학이나 사회과학의 허울을 뒤집어쓰지 않더라도 유의미한 일이 되는 이치는 다 같을 것이다.

그러나 그건 어디까지나 언어를 통한 의미의 각성과 이미지의 이해를 위해서일 뿐, 본래 그 자체의 의미와 온갖 해석의 번잡마저 아우르는 건 아닐 터이다. '헤어짐'과 '구속'은 '헤어짐'과 '구속' 그 자체일 뿐, 그것이 바로 '만남'과 '자유'의 의미 본령을 장악하는 주체는 아니지 않겠는가 말이다. '사랑'이 '혐오'의 '반어反語'라 하더라도 '사랑'은 '사랑' 그 자체로 보아야 할 넘쳐나는 의미와 가치들의 온갖 '떨림'일테니 말이다.

언어든, 콘셉트이든, 아니면 단어 한 마디든 '그것'이 '그' 자체가 아닌 반대 사물의 되비침이나 의미의 전도顚倒를 통해 다루어지는 건 '그'에 관한 예우禮遇가 아니다. 허공에 뜬 '달'만 '달'이 아니라 천千개의 강江에 비친 '달' 또한 '달'이라 한 퇴계退溪를 인용하거나 허상과 실체는 일치할 수 없다던 고봉高峯의 논전論戰을 다시 끌고 와 봐도 여기선 모두 동어반복일 터다. 정확하게 보려는 '것'과 애매하면 애매한대로 보며 고스란히 받아들이려는 '일'이 같지 않음도 마찬가지다.

'퇴폐頹廢'만 해도 그렇다. 더럽고 추잡하며 어느덧 나와는 관계없는 동떨어진 개념으로 인식하려는 순간, 본연의 의미들이 내 것이 되긴 애 저녁에 글러버린 일을 당신께선 정녕 모른단 말인가. 언어를 향한, 아니 언어로부터 줄줄이 파생·연상하는 편견의 늪이란 것이 오대양보다 깊고 육대주보다 광활하다 여긴다면 그 또한 과장일까.

눈으로 읽고 귀로 듣는 순간부터 아예 외면하고 내외하려는 인간의 자세는 돌보다 굳고 얼음보다 차다. 깨기 어렵고 녹이기 힘겨운 그것을 그리 '해야 한다'고 여긴다면, 그 생각조차 거부할 만큼 사람의 항심抗心과 결기는 대단하다. '퇴폐'는 도무지 왜 '퇴폐'가 되었을까.

그것을 부정적으로 판단하거나 그처럼 유도하는 온갖 선입견이 판치는 까닭 역시 따로 있는 건 아니었을까. '퇴폐'를 '퇴폐' 그 자체로 읽지 않고 영영 같이 하지 못할 고결高潔 아니면 순정 혹은 수정처럼 맑고 단아한 '순수 정념'의 반어로만 보려드니 그저 얼룩지고 단지 흠 많은 불결의 단어가 되어버린 건 아니었던가.

추하다며 내치는 순간, 마치 자기는 깨끗한 듯 보이는 착시 효과도 그리 오래지 않아 사라진다는 데 세상의 패러독스는 헤일 수 없다. 호통 치는 자들의 그다지 깨끗지 않던 세월도 허망하니 드러나고 안타깝지만 들키는 게 세상 이치이니 말이다. 저지르기 전에 죽는다면 모를까, 모두가 고상하려고만 들 때 그나마 삶을 지탱케 했던 건 하염없이 낮고 지저분하며 만만하게 토악질해댈 만한 타구唾具라도 있어서가 아니었을까.

'퇴폐'가 사람들의 기피 대상이 된 까닭 따윈 그러나 도무지 세상 관심사가 아니었다. 언제부터 그랬는지, 피하려 들었어도 어떻게 피했는지조차 애써 알 일은 아니었기 때문이다. 밝고 맑은 날이면 놀러 다니기 바쁘며 어여쁘고 즐거운 일상의 일들이 기다리는 삶이라면 그걸로 족할 뿐, 어디 음산하고 우울한 주제에 하릴없이 매달릴 일이었으랴. 설령 인생이 아름답지 않다 하여도 굳이 그 단어에 눈길 붙박을 일이었을까.

어쩌다 마주치는 그 단어의 표상이란 게 한낱 음란하고 도발적이며 색기色氣 넘쳐나는 치명적 유혹의 조건이라도 될라치면, 세상은 문란이니 타락이니 떠들어대며 종말론과의 야합은 물론 그보다 더한 압제의 명분을 권력과 함께 찾아 나선다. 아예 나라의 멸망이 멀지않았음을 경고함은 보통인 시절도 있었고 역사가 끊어지거나 삶의 존재이유마저 사라지는 양, 지식이 거들고 언론이 눈 감으며 부추기던 때도 그리 먼 옛날은 아니다.

돌이켜 보면 퇴폐의 개념사는 퍽 오랜 자기변명의 흐름과 지우지 못할 하소연의 언덕을 역사 곳곳에 마련해 두었던 터다. 몇 십 년, 그것도 한 두 세기가 아니라 아예 왕조를 거듭나고 역사가 끊어지는 굴곡의 세월 넘어 오늘에 이르도록 국가는 틈만 나면 통제의 빌미로 악용했고 억압의 명분치곤 참으로 괜찮던 메뉴였다.

망국의 설움조차 달랠 길 없건만, 안 그래도 울적한 심사 씻어내고 어디 한 군데 마음 둘 곳 없는 인사들의 애수 달래기로 담배나 술은 턱없이 약했다. 요기妖氣어린 팜 파탈이 내뿜는 지분냄새나 몰래 즐기는 마약의 알싸함도 혁명 한번 후련하게 치러내지 못하는 정치적 무능을 잊기엔 그다지 충분치 않았다. 자발적 근대화 한번 통쾌하게 이룩하지 못한 여린 민족의 후예로 사느니, 멋이라도 부려보자며 치렁치렁 기른 머리칼조차 풍기문란의 혐의가 되는 세상에서 경찰은 무릎 위 15센티미터 이상 올라간 스커트 역시 퇴폐로 몰아붙이고 있었다.

길어도 문란했고 짧아도 탈이었다. 야野해도 안 되었고 흘러넘쳐선 더더욱 곤란했다. '통제'의 주체가 먹잇감 낚으려 움켜진 '고삐' 한층 조일 때, '퇴폐'는 파시즘의 봉鳳이었고 '음란'은 나치의 정치적 액세서리로 더없이 충직하게 복무하고 있었다.

정작 썩어가는 건 '권력'이었음을 이젠 정말이지 모두들 알려나. 이미 스러진 나라에서 망국의 징조 다시 찾아 자기 흉터를 덮어씌우려는 흉계란 꽤나 간교했던 셈이다. 그래야 안 들키고 그래야만 늦춰질 또 다른 '부끄럼'이란 민족 전체가 팔고도 남아돌 그네들의 '쪽'이었다. 자기검열 없이, 자기반성 없이 다시 또 누리며 후리려드는 몰염치의 행렬은 세기를 바꿔 튼튼히 진행 중이다. 그러던 중, '퇴폐'는 졸지에 더 더러워졌고 지금 이 순간 기막히게 서럽도록 구겨지고 있는 '중'이다.

아무리 그렇다 해도 따져볼 겨를도 없이 내팽개치는 손길

일랑 이젠 거둘 일이다. 천착穿鑿하되 집착하지 않기만 바란다.

2013. 7. 21

지은이 박종성 씀

차례

표 목차

그림 목차

I. 지치고 고단한 퇴폐 :

돌팔매나 던져대는, 형용사이면서 동사인

이제와 왜 '퇴폐'인가. 어쩌자고 케케묵은 서랍 안에서 새삼 그 단어를 꺼내려드는 것인가. 늘 그랬듯, 단어 그 자체야 무슨 죄가 있겠는가마는 사람들은 부정적인 이미지 앞에서 유독 야박하다. 예전에도 그랬고 지금도 줄곧 그런 중이다. 따지고 보면 그게 다 편견이요, 그걸 굳이 풀지 않으려는 고집의 소산이겠으나 별로 정갈하지도 않은 위인들이 야단이나 법석은 도맡아 부리는 게 사람 사는 이치이니 외면도 홀대도 그 자체가 사연들일 터였다.

시시비비의 논조 같으나 이제라도 그걸 다시 헤아리자는 얘기가 문제될 건 또 뭐겠는가. 논의의 어설픈 중단이 핑계랄까, 지독한 선입견을 털어내지 않으려는 인습의 화석이 까탈일까 한 번 어긋난 생각일랑 좀체 바로잡으려 들지 않는 우리네 정서는 아직도 난공불락의 나바론 요새다. 그러거나 말거나 퇴폐를 바라보는 일상은 왕년의 '이발소'와 동격이며 여전히 끈적거리거나 던적스런 형용사다.

시작하는 김에 기왕지사 버리지 못하는 생각의 내용들을 그려보자. 퇴폐라는 표현을 듣거나 그 단어를 보면 당장 떠올리는 익숙한 상념 밑바닥엔 뭐가 뒹구는지.

1. 흐느적거리는 남녀가 뒤엉켜 있거나 고혹蠱惑적인 눈빛을 주고받는 현장과 그 공간의 분위기.
2. 조금 전까지 뭘 하고 있었는지, 잠시 후 뭘 할는지는 그(녀)들의 사연이니 물을 일은 도저히 아니겠으나 분명한 건 적어도 '둘'이 금세 떨어질 사이는 아니란 점.
3. 반드시 홍등紅燈은 아니어도 색으로 치자면 정육점 조명으로 딱 어울리는 낮은 조도照度의 진분홍이나 연보랏빛 조건.
4. 매력이 넘치다 못해 마력의 기운이 부딪치는 건 대부분 육체의 교접交接에 관한 참을 수 없는 본능의 폭발과 직결된다는 것.
5. 시간은 거기서 얼어버리고 공간은 아울러 아득키만 하여 '순간에서 영원'으로 업그레이드하고픈 욕망만 삶의

마지막 바람인 양 극대화함.

6. '술'과 '담배'는 기본이며 감각의 극한을 시험하고픈 또 다른 욕구는 '마약'과 '섹스' 혹은 '록Rock'보다 더한 자극의 원천을 갈구하게 만듦.
7. '마비痲痺'는 부수적이고 '절망'은 필수적이며 '파멸'의 그림자는 운명처럼 다가옴.
8. 연기인지 환상인지 모를 아련함이 사랑과 마주할라치면 그 순간 '애련哀戀'이 되고 이루지 못할 관계의 연장은 어느덧 비현실의 장벽을 넘어 흔하디흔한 불륜보다 독한 '사련邪戀'의 파노라마를 양산한다는 타인들의 전설.
9. 여기서 '성실'과 '도덕'은 무의미하며 '이타利他'와 '준법'은 불가능한 신화일 뿐, 이 왕국에서 난무하는 종교적 철칙의 끝에는 감각적 진지함만 남는다는 믿음.
10. 그들을 이끄는 궁극의 힘은 기성의 세계를 비웃고 비틀며 자신보다 비루한 존재로 격하·폄훼貶毁하려는 '꼬여버린' 심사에서 확대 재생산된다는 사실.

어찌 이것만으로 퇴폐의 모든 걸 압축 묘사하겠는가마는 그건 물리적 힘이나 그 오묘한 작동에 의해 빚어지는 당장의 에너지 이동이나 질량의 변화 같은 '과학'을 전제하지 않는다. 그것은 '현상'이자 '조건'일 뿐, 영원히 지탱할 삶의 원형질이 아니기 때문이다. 그럼에도 불구하고 이 같은 생각의 외피는 물론 콘텐츠의 코어마저 바꿀 생각일랑 전혀 하지 않는 데에는 대단한 모럴리티의 이중성이 끼어든다.

참거나 더욱 강하게 이겨내 뭔가를 만들거나 이룩하려들지 않고 단지 방임하며 널 부러진 상태로 현재에 파묻혀 버리는 모습을 놓고 퇴폐의 네거티비티negativity를 확장하는 일은 곧 자신과 그 현상이 아무 관계없다고 보는 철저한 단절의 자세를 뜻하기 때문이다. 도덕이란 개념이 도무지 자기완결성을 드러내거나 누구에게든 결정론적 무오류의 세계를 선물처럼 부여하는 게 아님을 잘 알면서도 대부분의 인간들이 이 같은 단호한 규정방식과 위장된 절대선善의 자기자리를 선뜻 내주지 않는 까닭은 뭘까.

누구든 밖으로부터의 위협을 피하고픈 원초적 욕구와 함께 상처받지 않으려는 단순한 욕망의 화학반응이 인간을 그리 만들어놨다고 변명할는지 모른다. 하지만 핑계치고 그건 너무 허망할 뿐 아니라 추상적이며 도피의 틈새가 넓디넓기만 하다. 하여, 빈틈사이로 모두 다 도망가 버려 혐의자의 색출은 기대조차 어렵다. 되레 다른 까닭이 있었으리라. 퇴폐란 이름의 서랍 안에 가슴 뜨끔하도록 찔리는 제 자신의 과오가 들어 있기에 어떻게든 가리고 덧대며 오만가지 이유로 알리바이를 완성하려 들던 때문은 아니었을까.

그건 자기 이야기였다. 그리고 모두의 스토리[1]이다. 도망갈 곳도 사실 어디 더 없으며 비비고 뒹굴 데도 따지자면 협소하기 이를 데 없는 핑계의 무덤 안, 게다가 남루하지만 고스란히 들어 누어야 할 바닥 이름이 곧 '퇴폐'다. 하지만 '비판'이 '비난'이 되고 '질문'이 '공격'으로 호도되는 세상 사정은 살벌하다. 그 세상에서 개념과 의미 하나에 쉽게 매몰되거나 하염없이 휩쓸리는 중심의 빈곤이란 어제 오늘의 일이 아니다.

얼마든지 숨어서 홀로 즐길망정, 자신은 그(녀)와 아무 관계없는 듯 고고히 군림하려는 자세도 지극히 일상적이다. 자기보다 못하다싶은 대상이 나타나면 비웃고, 만만한 상대라면 폄하·왜곡하여 자신이 안주할 마음의 빈터를 한껏 늘리려 드는 이치야 인간의 사회적 본능일 터다. 흔히 왕따의 정치심리란 것도 '말 타면 종 부리고 싶고' '밟으면 짓이기고 싶은' 억압의 '못된' 승수효과를 잘 반영한다. 퇴폐란 단어를 앞에 놓고 보아도 동일한 심사는 거울처럼 되비친다.

그러나 찬찬히 들여다보자. 과연 그 단어가 지칭하는 상태 혹은 현상이 그리도 못되고, 모두가 토악질해대며 마구 때려야 할 필요충분조건을 오롯이 떠안는 것인지 말이다. 다시 묻자. 왜 그랬을까. 아니, 왜들 그러고 있을까. 하지만 그 도저到底한 까닭이나 흔쾌한 답변을 구하고자 하는 게 책의 우선 목적은 아니다. 그보다는 그 의미와 성격을 먼저 헤아리고 이를 둘러싼 기왕의 편견을 서서히 풀어 나감으로써 궁극에는 훨씬 자유롭고 개방적인 이해가 가능하도록 애써 보려 한다.

'퇴폐'는 '퇴폐하다'라는 '동사'에서 파생한 '명사'의 원형原形이다. 그러다 '퇴폐적'이란 형용사를 통(상)용하는 동안 앞서 말한 온갖 편견과 부정적인 인식의 틀은 고착화되고 그처럼 마련된 생각의 얼개는 고스란히 얼어버린다. 보기에 따라선 동사의 생성과정과 관계없이 흔히 형용사로만 쓰이다 명사화한 것으로 여겨지기도 한다. 단정적으로 표현하면, 눅눅한 이미지를 담은 형용사에서 명사가 되자마자 죽도록 고생한 단어가 '퇴폐'다.

하지만 엄밀히 살펴보면 '퇴폐'는 두 개의 동사[(頹)[2]+(廢)[3]]가 교묘하게 얽히고설켜 작동하는 통합 품사다. 둘은 서로를 비추는 거울이자 그 되비친 그림자다. 둘 가운데 하나로만 있어도 뜻의 태반太半이 살아있고 보면 구태여 두 어휘를 붙여 사용하지 않는다 해도 그리 큰 문제는 없을 것처럼 보이기도 한다. 그도 그럴 것이 두 어휘의 사전적 정의를 겹쳐보아도 의미의 공약수는 적잖이 같은 색조를 띠며 얼핏 서로의 변별력辨別力을 도드라지게 반영하지 못하기 때문이다. 그럼에도 불구하고 제법 오래도록 두 단어가 붙은 채 인구에 회자된 건 그래야 할 까닭[4]이 있었던 걸로 보아야 하지 않을까.

다르지만 비슷하고 흡사하지만 구분되는 의미의 기묘한 중첩지대에 '퇴'와 '폐'는 서로의 발을 적당히 걸친다. 하지만 어휘의 '다름'은 단순히 이미지 편차나 순간적 느낌의 차이를 반영하기 위한 목적으로만 받아들일 수 없다. 표기의 차이는 각기 다른 의미론적 근거와 통용의 역사성을 지니며 일정기간 '그렇게' 사용·이해했던 까닭을 켜켜로 쌓게 마련이다. 퇴폐가 배격의 대상이었던 때도 있지만 유행과 모방의 오브제로 아련한 매력을 풍기던 시절도 얼마든지 증언하는 역사라면 생각의 원형이란 사실 어느 경우도 무리일 것이다.

누군가 책의 궁극적 목적을 다시 밝히라 채근採根한다면 당장의 답은 두 단어의 겹침이 주는 색조의 추출이라 말할 수 있을 것이다. 그러니까 두 단어의 컬러를 각기 셀로판cellophane지에 묻혀 허공에 대고 겹칠 때 우러나는 색이 뭔지를 밝혀내는 일말이다. 우선은 단어의 의미론으로 보자. 두 단어의 뜻을 기존의 국내 사전들이 정의하는 바에 따르자면 매우 폭넓은 의미의 지평이 펼쳐진다. 그것들 가운데 겹치는 부분을 추려내자면, 퇴폐는 '쇠퇴'와 '무너짐' 그리고 '부서짐'과 '사라짐'의 의미군을 공유한다.

여기서 특히 주목할 것은 퇴폐란 어휘가 갖는 시제時制의 결과론적 국면이다. 즉, 각기의 규정 방식에 깃든 주관적 가치판단이나 그것이 딛고서는 은연중의 보수성conservative과 관계없이 '둘'은 일련의 현상들이 '진행 중'에 있다가 어느 순간에 이르면 그 기운이 무르익고 커져 어느덧 '파괴'와 '소멸'을 전제하는 상태, 즉 지극히 수동적인 조건을 뜻한다. 이 같은 시제의 결과론적 국면은 무엇보다 '무너짐'과 '부서짐'이라는 두 현상이 다다르게 될 과정의 절박함도 함께 부각시킨다.

그러니까 뭔가 무너져 내리면서 부서짐의 현상이 잇따를 것이며 반대로 부서져 내리다 보면 무너짐도 동시에 재촉할 현상의 상호 연계連繫를 먼저 생각할 일이다. 그것들은 결코 우연이 아니며 그래야 할, 아니 그럴 수밖에 없는 서로의 까닭을 분명히 갖는다는 데 유념할 일이다. 생각해 보자. 대관절 그냥 무너지거나 괜히 부서진다는 게 가능하겠는지를. 하지만 퇴폐를 접하는 사람들의 자세는 그다지 온화할 리 없다. 설령 자신의 현재 행동이 '퇴폐적'이라 하더라도 그것을 흔쾌히 인정할 사람들은 별로 없다.

무너져 내려야 할 절박할 이유나 이제 당장 부셔지지 않으면 안 될 애타는 사연들이 넘쳐나도 안타까움의 부피는 결코 객관화시킬 수 없다. 비극이라면 그게 비극일 터다. 나의 애절함이 남의 그것만 못하다 해도 그걸 쉬이 인정해야겠건만 다른 사람의 타는 속이 나의 그것만 늘 못한 이치도 퇴폐의 상대성을 고려할 때 넘지 못할 함정이 된다. 누가 뭐래도 퇴폐는 그처럼 애절하고 답답하며 나아가 존재의 절멸마저 감수해야 할 만큼 '처참함' 혹은 '극진함'으로 넘쳐나는, 한계 값이 익을 대로 익어버린 결과라는 데 주목하자.

그러니까 파괴는 균열과 파열의 결과물이라는 것. 기쁨이 '다'하였기에 슬픔이 오는 게 아니라 각기의 정념 속에 다른 것들은 늘 준비되고 있다는 것. 그걸 고상하게 모순과 변증법으로까지 엮어 설명의 외연外延을 잡아 늘릴 길 또한 없는 건 아니겠으나 '퇴폐'는 '퇴폐하다'의 숙성물이며 '궤멸潰滅'과 '소진消盡'에 미처 다다르지 못한 어느 일정 지점에 겪는 가변적 상황을 전제한다. 여기서 '가변적'이라 함은 장차 그보다 나아지든지 아니면 훨씬 못한 상태를 예비한다는 뜻으로 이해하면 될 것이다.

그렇다면 '진보하다'와 '발전하다'의 의미체계와 같이 '퇴폐하다'의 그것 역시 익숙지 않으나 인정해야 할 '동사動詞'의 품사 기능을 수행한다. 애잔하지만 무너져 내리는 심사와 부서지는 포말泡沫의 한갓됨처럼 그것들이 순간이나마 모든 걸 대변해야 할 전체의 정서로 등극해야 할 때, 퇴폐는 과정적 진정성과 절차적

극진함을 시간 속 어느 한 지점에서 이슬처럼 빛낼 수도 있을 것이다.

그러나 '부서짐'과 '무너짐'의 주체가 나무토막이나 플라스틱도 아닌, 아니 강고한 콘크리트나 오십 층짜리 유리빌딩도 아닌, 하필 '사람'이란 점에서 이야긴 더 간절해진다. 그것도 목숨 다하여 죽거나 어쩌지 못할 병으로 사라지는 게 아니라 역사의 기구함으로 무너지거나 처한 상황의 절절함으로 부서지는 삶이 연출하는 '퇴폐'라면 그건 또 어쩌겠는가. 하여, 살아도 산 게 아니요 죽어도 죽은 게 아닌 실의와 한恨이 한 인간을 화석보다 단단하게 응고시킬 수 있다면 켜로 쌓여진 사연 앞에서 퇴폐란 한낱 슬픔의 사소한 단위 하나에 지나지 않는 건 아닐까. 대관절 '무너지는 인간'이나 '부서지는 사람'은 온전한(?) 존재와 어디서 어떻게 차이가 나는 것일까.

무엇을 퇴폐로 규정하든 언어가 쳐놓은 의미의 네트워크 안에 걸려든 당사자들은 정작 그 누구도 내가 '퇴폐'의 늪에 빠졌다거나 '퇴폐적'이라고 인정하려 들지 않는다. 아무튼 언어란 타인이 쳐 놓은 덫이자 온갖 의미를 빙자한 자위masturbation의 도구일는지 모른다. 분명코 사전辭典이 내린 정의에 합당한 조건과 꼼짝없이 들어맞는 상황의 주인공이거늘, 한사코 퇴폐의 그늘 안에 자신을 담가두려 하지 않는 건 그(녀) 역시 부정적 언어의 노예가 되고 싶지 않다는 인식의 위선 때문일까. 아니면 위악僞惡일까?

보수니 진보니 분류하거나 에둘러 편 가르기도 버거우리만큼 좀체 사고의 유연이란 보이지 않는 우리 선현先賢들의 데피니션 작업은 그저 숨이 막힌다. 감각의 자유로움이나 행여 삿된 현상 앞에서야 더더욱 근엄하기 일쑤였던 나날들 속에 어디 감敢히 퇴폐랴. 조선사회에서의 '그것'이야 좀 더 있다 살피도록 하고 퇴폐는 오늘에 이르도록 삶의 '결딴ruin/destruction'과 동의어로 채택되고 있을 지경이다. 조금이라도 더 유연해지려 하지 않는 지식의 기성旣成과 문화의 기왕旣往.

퇴폐[명사] :

1. 쇠퇴하여 결딴(이) 남. [비슷한 말] → 퇴당頹唐[5]

2. 도덕이나 풍속, 문화 따위가 어지러워짐.

/ / /

도덕, 질서, 문화 따위가 쇠하여 문란해짐. 쇠하여 문란해지다.

이와 연동되는 합성어의 경우도 그 규정에는 엄격한 논조가 이어진다. 가령 퇴폐와 문학을 이어 붙일 경우에도 문학은 졸지에 타락墮落의 터전이 된다. 그것은 마치 삶이 퇴폐에 물들지 말아야 할 안온하고 신실信實한 대상이어야 하듯, 찌들거나 썩지 말아야 할 건강한 장르들의 보고寶庫이어야 함을 강박적으로 주문한다.

퇴폐문학 :

19세기말의 구라파의 회의懷疑사상을 기초로 한 문학. 기성의 사회 도덕을 무시하며 예술의 목적은 일시적·육체적 향락을 구하는 데 있다는 부패한 문학.[6]

여기서 퇴폐는 아예 부패와 동일시된다. 퇴폐 일반에 관한 기왕의 부정적 선입견을 확대 재생산함으로써 '부서짐'과 '무너짐'의 배경은커녕 그 결과란 것들이 한낱 사회문화적으로 '썩고 병든' 노폐老廢물임을 강조하는 것이다. 그래도 되는 것이었을까. 이제 와 또 다시 저 질풍노도疾風怒濤 같았던 실존주의의 바람을 소환할 생각까진 없다. 하지만 바람의 중심에서 냅다 긴 칼 휘두르던 사르트르의 주장은 이즈음 새삼스럽다.

'존재는 본질에 앞신다' 했던가. 그러나 있되, 어찌 있는지 그 상태를 구성하는 요소는 본질보다 더한 존재의 미립자微粒子 아니던가. 치열하게 '존재하든', 난감하게 '자리하든', 아님 미칠 듯

한 상황의 노예로 거기 '있든' 그것들 모두가 '무엇'이 되어가고 있는 가운데 잠시 멈춘 것처럼 보이는 걸 놓고 '잠정적 휴지休止'가 마치 항구적 본체인 양 생각하는 건 착시도 보통 착시가 아니다.

그가 애당초 모든 인간의 실존성을 일컬어 '비커밍 빙Becoming Being'이라 그렸던 언어의 윤곽은 여태껏 유효하다. 끝없이 '누구인가·무엇인가' 되어가고 있는 생성 중의 존재. 그것이 바로 인간의 참 모습이라 본 그의 규정 방식은 정의롭고 적확하기 때문이다. '정의'를 '정의롭게' 표현해야 하듯, '퇴폐'도 '퇴폐적'으로 묘파描破할 일이다. 벌써부터 동어반복tautology을 염려할 지경이지만, 문제의 핵은 문제 그 자체에 있지 않다. '퇴폐'가 문제가 아니라 어쩌다 퇴폐적 '조건'에 몰입하게 되었는지가 중요하지 않을까. 퇴폐가 인간의 어쩔 수 없는 족쇄가 되어 버린 까닭이 족쇄 '그것'보다 한결 소중하지 않겠는가 말이다.

그러나 그 까닭이란 것도 지극히 개인적이었을 것이란 예감이 여지없이 무너져 내릴 때 논의의 필요는 각별해진다. 타락과 파멸의 이유가 그(녀) 자신에게만 온전히 담보되는 게 아니라면 그건 대체 뭐였단 말인가? 가문家門? 국가? 사회? 아니면 역사? 덜 억울하기로는 개인의 몫과 주변의 책임 지분을 서로 견줄 만한 과학적·통계적 근거가 명료한 경우일 것이다. 그것이 가능하다면야 무슨 문제랴.

한 인간이 망가지고 한 시대가 퇴락하는 곡절의 속내를 들추자면 그 혐의를 어찌 '당사자'에게만 물을 수 있겠는가. 하지만 에둘러 넘겨짚진 말자. 일말의 책임의 단서가 스스로에게 있음을 호도하거나 행여 짓뭉개버리기 위해 전체와 모두를 끌어들이려 '함'이 아님을 말이다. 이는 혁명의 까닭을 온통 자본가에 덧씌우거나 역사의 핍박이 모두 지배계급의 억압적 의도에서 비롯된다고 본 마르크스류의 핑계 만들기 역시 아님을 말이다.

퇴폐의 '언어' 체계는 이 땅에서 역사적 의미의 지평을 폭넓게 확보한다. 멀게는 유교국가 조선사회에서, 가깝게는 환락歡樂의 개념조차 무뎌진 오늘에 이르도록 이해의 균열구조도 간단치 않다. 특히 이 단어의 본격적 배양기로 강점기 조선의 왜곡된 정치질서는 퇴폐의 사적 혐의와 공적인 숙성 조건을 마련한다. 게다가 '해방'이라곤 하였으나 자발적 근대화에 성공하지 못한 민족 모순은 '분단'과 '계급' 장벽은 물론, 정치적 주눅과 자기모멸의 늪마저 흔쾌히 건너지 못한다.

느닷없는 외세의 개입과 좀체 물러가지 않는 열강이 똬리를 틀 때만 해도 나라를 잃으리라곤 예상하기 힘겨웠다. '외교'가 뭔지 '전쟁'이 무엇인지 헛갈릴 때만 해도 모국어를 통째로 파묻고 일본말을 뇌리에 중심에 꽂아야 한다는 생각은 상상도 못했던 일이었을 터다. 하지만 정녕 괴로운 건 기대하지 않았던 '망국'의 충격 그 자체가 아니었다. 그보다는 '그 날' 이후 견뎌야 할 통한의 나날들과 언제 그 진공眞空의 시간들이 끝날는지 도무지 알 수 없던 똘레랑스tolérance의 강요였다.

'습관'과 '반복'은 하지만 무서웠다. 가슴 찢어질 것 같던 나날들도 '식민'의 본격 개막과 그로부터 묻어나는 온갖 편익은 물론, 이른바 '모던의 향기'가 불러일으키는 마법 같은 기운 앞에 퇴색·변질되고 있었다. 그래서 더 슬프고 그 때문에 한결 미어지는 가슴이었던 터다. 하여, 이제는 되돌아갈 수 없다는 뚜렷한 판단이 새삼 도드라질 때 그 옛날 그렇게라도 이어지던 왕조의 나날들이 차라리 아쉽고 아득해졌던 것이다. 그런다고 나아질 리 없고 그래서 복원될 과거도 아니었거늘, 희망 없는 '애수哀愁'와 건설적이지 못한 극한 자위의 정념만 나라 전체를 뒤덮을 만큼 웃자라고 있었다. 가없는 탄식은 당연하였으되 답답하며 오갈 데 없이 끓어오르기만 하던 자조自嘲의 정서, 그러니까 저 망할 놈의 '부끄러움'을 뭘로 다스릴는지 그게 문제였다.

강점기의 퇴폐는 그래서 생겨난 도피와 자위의 방편이었다. 그나마 수모와 치욕의 감정을 위무하려는 적극적 일탈이자 소박한 배반의 행각들이었다. 그렇다 한들, 오늘의 '흥청망청'처럼 '고비용·고효율'을 동반하는 퇴폐도 아니었다. 기껏 무기력한 자아를 달래고 소진消盡시켜봤자 남는 것이라곤 '피곤'과 '초라함'만 뒤덮는 감각의 검버섯 덤불도 그저 '좋아라' 덮어쓰고 때로 매만지며 반도의 구석구석을 훑는 수밖에 다른 방법도 묘연했던 것이다.

지키지 못했고, 확실히 무너뜨리지도 못하였으며, 삶의 근본적 변화를 획책한 '저들'을 애당초 밀어내지도 못한 나날들이 아무리 애잔하여도 달리 벗어날 길은 없었다. 그 속에서 '무능'하며 '무기력'한 제 스스로가 밉기만 한들, 민족은 그저 두 패로 갈려 '저항'과 '동조' 아니면 '순응'과 '일탈'이란 극단적 대립 항을 앓으며 세상이 알아주지도 않을 으르렁거림만 키우고 있었다. 약도 없고 쉴 곳도 마땅치 않은 이항異項 대립의 나날들 속에 퇴폐는 차라리 낭만적 도피와 고즈넉한 무위의 채널로 '없는 듯' 살아가게 만들거나 살아도 '죽은 듯' 여기게 돕는 자기혐오와 파괴의 산파로 기능하고 있었다.

죽음을 노래하는 대신, 세상 가없이 할퀸 대가로 시인들은 마스터베이션의 패러독스를 즐기고 있었고 바위 앞 도마뱀 마냥 소설가들은 예전 역사로 숨거나 가망 없는 조국 공간을 퇴폐의 물갈퀴로 헤쳐나가곤 하였다. 식자들과 젊은이들 일부는 세상의 중심이 아예 일본인 양, 전율하고 있었다. 아니면 또 다른 극점極點에 올라 '제국帝國' 일본의 심장을 마르크스와 레닌의 비수ㄴ

首로 단칼에 찌를 열정 하나 믿고 온몸을 떠는 경우도 심심찮게 펴지고 있었다. 혁명이 뭔지, 그럴 것이었으면 진작 용감하지 못하였던 까닭은 또 무엇인지도 모른 채.

누적된 자기 부정과 마음 둘 곳 없는 문화의 허기虛飢가 다다른 현대의 텃밭이란 '곳'들도 맥없긴 매일반이었다. 중심 잃은 육체는 건넌방보다 술집이 한결 편했고 회사나 일터보다 창녀촌 얼룩진 이불 속이 훨씬 쾌청快晴했던 터였다. 뜨내기 사랑일망정, 카페 여급과 서둘러 보내는 온천장이 백년 배필과의 밋밋한 안방보다야 안온하였고 본마누라 고무신보다 첩실妾室의 뾰족구두가 한결 때깔 났던 까닭도 정녕 그네'들'에게 물어야 알 일이었다. 공적인 의무와 거대한 과업 앞에서 영혼의 퇴락과 함께 그저 본능의 '부름calling'에만 충실하고자 애썼던 이유는 정말이지 따로 있었던 걸까.

담배와 술이라도 있어 행복한 과거였다면 그 뿌듯함은 지금도 이어지는 열락悅樂이던가. 좀 더 짜릿하고 알싸하게 그리고 자지러지게 신경구조를 뒤흔들어줄 뭔가가 있다면 영혼이라도 얼마든 팔 일이었다. 그게 일제 '삐루beer'였든, 아님 영국제 '궐련券煙·呂宋煙/cigar'이나 미제 '타바코tobacco'였든 관계할 일들은 아니었다. 듣도 보도 못하던 서양 문물이 광속光速으로 조선천지를 뒤흔들어 놓을 때 문화적 사대라느니, 정신 놓은 감각의 노예

라느니 따위의 문자 화살은 먹물들에게나 통할 공염불이었다.

호텔이란 게 들어오고 싸롱salon과 요릿집이 눈과 입마저 즐겁게 해줄 채비를 얇도록 마칠 즈음 대동아전쟁에서 일본이 불리하다는 소식이 전해질망정, '그들'은 한사코 천년만년 세상 주름잡을 '신의 나라'였던 것이다. 독립이 급한 게 아니라 그들이 심어놓은 왜색과 왜풍의 단절이 더 염려스러웠고 행여 다시는 맛보지 못할 바다건너 문물이라면 이미 물든 나의 혀와 살갗이, 그녀의 코와 뒷덜미가 더없이 허전해질 따름이었다.

끽다[7]喫茶와 끽연喫煙이 왜 퇴폐의 소산이겠으며 어쩌자고 불륜의 주역들을 혁명가나 독립지사인 양 추켜세울 일이겠는가 마는 욕망의 단위를 한층 높여 잠시라도 현실을 이륙하려는 온갖 군상들더러 임모럴immoral이라고만 욕해댈 재간이 우리에게 과연 흔쾌히 담보되는 걸까. 누가 누굴 향해 정녕 부도덕과 패덕悖德을 탓할 것이겠는가. 담배보다 마약이 한층 몽롱하며 일상의 연애보다야 이루어질 수 없는 연모戀慕가 몇 곱절 아련한 서사 구조를 숙성시키는 이유 일랑 어제 오늘의 일도 아니지 않았던가.

도덕과 윤리끼진 거들먹거리지 않더라도 그것이 혹여 치욕보다 깊은 자기 무능의 숲을 빠져나갈 천금 같은 기회요, 안개 속 하늘로 오를 계단Stairway to the Heaven 문턱이라도 될 요량이라면 왜 아니 서두를 일이었겠는가 말이다. 술이라도 펑펑 마셔 오늘의 시간들에서 벗어나고 세상이 용서 못할 사랑이라도 싫도록 파고들어 이승의 족쇄와 온갖 불가능한 사단들을 하염없이 조롱이라도 하여볼 심사였다면 위악으로 가득 찬 퇴폐의 그늘도 때로는 기꺼이 아름다운 처소였던 셈이다.

이 땅에 언제부터 그럴듯한 '근대'가 있었고 게다가 '탈근대'의 몸부림마저 미미하게 출발하는지 따져보는 일도 학문이 시도할 또 다른 과업이었을 것이다. 그건 마치 본원적 국가조차 없는 공간에 최초의 적산가옥이나 까페 들어선 건물 하나 놓고 근대의 본격 출발이니 모던의 역사적 발아니 하며 호들갑을 떠는 일들이나 진배없었으리라. 이제는 '민족주의' 하나 앞세워 스러진 왕조를 뒤에 놓고 핏대를 올리거나 '끓는 피'와 '차가운 머리' 운운하며 집단의 감각 동원을 호소하려는 거대담론의 재현도 자제할 일이다.

가슴 벅찬 구호와 긴 호흡 앞세운 '탄식歎息 논리'로 역사를 다시 해부할 전통사학의 근력筋力은 이제 달린다. 그 뜨겁던 쟁론도 다시 불붙을 조짐은 요원하다. 저 멀리, 게다가 더 높이 그리고 폼 나게 역사를 우러르려고만 했던 대가치고 오늘의 침묵은 너무 초라하다. 다시 출발하더라도 이제 또 장탄식 숨기려는 호기豪氣와 엄숙주의 일변도의 이데올로기로 길 떠날 채비를 갖추려 든다면 세월의 보이지 않는 '얼룩 들여다보기'는 누구의 몫이 되는 걸까. 그림자 탐구하기. 그리고 다시 매만지기.

정색하며 묻는다. '역사는 인간을 얼마나 구겨놓는가.' 그리고 '어떻게 뭉개며 망가뜨리는가.' 외벌外罰적[8] 보상이 아닌 상황 그 자체의 천착과 문화 환경의 정밀 분석만으로 '당대'는 복원될 수 있을까. 게다가 다시 한 번 덧붙이자. 퇴폐의 공적公的 사유는 동원 가능한가. 논의의 진행과 편의를 위해 다뤄야 할 쟁점의 중심들을 다시 맞춰보도록 하자.

1. 어휘의 역사는 창창해도 의미의 지평은 시대마다 다르다. 본디 쇠衰하거나 '뒷걸음질 치다'는 뜻의 '사라짐', 아니면 무너져 '내림'의 의미는 오늘에 이르자 그 최소한의 낭만성romanticity조차 인정받지 못한다.
2. 한 인간의 힘으로 어쩌지 못할 '것들'이란 생각보다 많다. 그 가운데 역사는 당장 보이지도 않으며 만질 수조차 없이 수많은 인간들을 짓누른다. 역사가 한 인간의 삶을 통째로 바꾸거나 꼼짝달싹할 수 없이 옥죄며 그것도 모지리 파멸과 오욕의 날들을 견디도록 재촉한다면 남아도는 인간의 억울함은 어떻게 해소·규정해야 하는 걸까.
3. 큰 결과의 원인이 아주 작은 것일 수 있듯, 한 인간이 겪

는 삶의 격동마저 버겁도록 담대하며 두 손과 두 팔로는 감당 못할 거대한 기운의 결과물임도 인정해야 한다. 이때 개인이 견뎌야 할 고통과 불이익은 온전히 그 자신의 몫일까. 아니면 그 궁극의 책임을 국가에게 귀속시켜야 하는가. 해안선 굽이마다 흩어지는 소금 빛 포말의 일렁임이 어지럽다면 그 비용은 달에게 물어야 하는가, 아니면 해에게 청구해야 하는가. 전쟁 통에 남편 잃은 과부 일랑, 하염없는 통한痛恨의 정서는 이름 모를 적군敵軍의 총구銃口더러 달래 달라 보채야만 하는 것일까.

4. 그렇다면 퇴폐도 사회와 역사로 귀결시킬 책임의 '빈터'를 공유하는 것일까. 행여 그 까닭이 개인의 무능과 무위無爲일 수 있다 하더라도 그게 전부일 순 없다고 되물을 여지는 넉넉하지 않을까.

해방 후 한국의 국가는 과잉 성장한다. 시민사회의 숙성이란 기대하기 힘겨웠고 온갖 모순들이 중첩 발생한 자유의 공간에서 늦춰만 지던 국가의 탄생과 더딘 제도화는 세상 곳곳의 어둠을 치유하기 힘겨웠다. 급조된 권력과 정책 당국은 분단국가라는 거대 모순 위에 먹고사는 문제와 어떻게든 버티고 견뎌야 할 삶의 공간을 조화시키려 기 쓰고 있었다.

엄밀히 꼬집자면, '질서'라는 개념도 성립되기 힘겨웠다. 높은 곳에서 낮은 곳으로 흐르는 물의 원리를 빌려 모든 걸 어린아이 달래듯 국가가 나서야 했다. 국가가 간섭해야 일이 되었고 꼴을 갖췄다. 어디서든 늘 그랬듯, 애꿎기로 말하면 결국 밑바닥만이 치러야 할 버거움이었다. 별걸 다 국가가 해결해야 했던 시절, 그들의 '존재'와 '상황'은 보이지도 않았다. 단지 스스로 애태우고 홀로 뛰어넘어야 했던 사연들만 탑처럼 쌓이고 한스럽게 썩어나고 있었다.

> 빈곤과 실업, 비위생과 질병, 절망과 한탄, 극한 생존과 비루鄙陋, 염세와 자학, 질투와 혐오, 의심과 불신, 몰염치와 배신, 조작과 갈등, 사기와 도박, 매춘과 폭음, 마비와 자기부정, 부채와 도주, 눈치와 잠행, 번민과 아다구니, 무한 의존과 동물적 감각, 구타와 피학被虐, 공갈과 자해自害, 싸움과 부유浮游…….

이들이 어찌 밑바닥 인생만의 전유물이겠는가. 하지만 온통 어둡고 꿉꿉한 사연들이 몰려드는 그곳은 세상 만만한 '하류下流'였고 누구나 침 뱉고 돌아보려 하지도 않는 시궁창이었다. '어둠'은 밝은 세계를 위해 '어둠'으로 남아 있어야 했다. '어둠'마저 함께 밝아져버리면 '밝음'은 존재이유를 잃고 더 찬란한 빛의 권력을 만들기 위해 애써 힘겨운 자기조작의 행로를 넓히기 마련이었다. 그래서 모든 권력은 빛의 지배를 핑계 삼아 어둠의 존재를 사전 확인했고 '밝음'을 미끼로 복종의 미학을 강화할 채비마저 서둘러 마치곤 했던 것이다.

나라를 세우고 전쟁마저 치러야 했던 이승만 정권부터 이제는 '말'로나마 복지가 강물처럼 흐르는 세상에 이르도록 이른바 '바닥'을 조지는 권력의 생리는 조금도 바뀌지 않았다. 그 논리의 저변에 어김없이 '퇴폐'가 깃들고 정화淨化와 척결剔抉의 칼춤이 덩달아 신바람을 불러일으킨 연유를 알아차리는 데에는 그리 오랜 시간이 필요치 않다. 본디 '떳떳치 못한' 자기를 감추려면 '만만한' 틈새와 너저분한 구석들을 필요로 하게 마련이다. 세상 가장 화려하고 목 좋은 자리에 쓰레기통을 올려놓는 경우는 극히 드문 이치와 이는 서로 절묘하게 통했으니까.

퇴폐는 통제 대상이기도 했지만 조장과 격려의 메뉴이기도 했다. 일사불란한 복종과 불퇴전의 기백을 강조하는 병영사회 아니면 군사국가garrison state의 긴장구조를 세상 곳곳에 심어놓으면서 파시즘의 통치전략을 애호한 박정희에게 퇴폐는 제거해야 할 우선 항목이었다. 하지만 전두환은 달랐다. 3S 즉, '섹스·스포츠·스크린' 등을 북돋움으로써 가뜩이나 못마땅한 민중의 정치적 불만을 애먼 데로 돌려세우려 했던 정권의 의도는 차라리 기발하였다.

뿐만 아니라 공중파 TV 방영에 컬러 사용을 기정화하고 국가주도의 요란한 잔치(국풍81)를 여는가 하면 문화체계의 급속한 연성軟性화 정책을 강화하는 데 주력한다. 딱히 볼 것도 마뜩치 않고 갈 데도 변변찮던 시절에 프로야구를 활성화하거나 미국 주도의 하드코어 포르노를 대량으로 불법 복제하여 시중 비디오 대여점에서 자유롭게 빌려볼 수 있도록 허여한 사회적 방임은 퇴폐가 목적이자 수단으로 그 양가성을 발휘한 대표 시기로 기록된다.

양담배와 양주가 세상에 풀리는가 하면, '퇴폐'와 '이발소'가 곧바로 등식관계를 이루는 문화의 야합野合은 박정희가 휘두른 철퇴鐵槌를 전두환이 거두어들이는 급진적 유화宥和의 방식으로 고착화한다. 그것은 곧 사람들의 감각과 그 말초를 한껏 건드려 정치적 관심 자체를 말랑말랑하게 바꾸려는 성형외과 시술로 모두가 한꺼번에 혐의자가 되고 어쩔 수 없이 자기 검열 대상자가 되도록 만드는 비열함을 바탕에 깐다.

유난히도 성실과 근면을 강조하고 통치과정의 모럴과 삶의 소박을 중요시한 박정희답게 세상이 분홍빛으로 물들거나 그로써 비틀거려 애써 쌓은 경제의 잉여가 무너지는 일일랑은 용서할 수 없었다. 그를 역할모델 삼아 권력 제도화에 애써 성공한 전두환이 그마저 좇지 못하였던 건 치적 없이 정점에 오른 자기 취약성을 보완하기 위한 자구책 마련이 더 간절하였기 때문이다. 박정희라 하여 끝까지 자기 관리에 당당할 수 없었고 전두환 역시 세상의 부박浮薄함을 재촉한 주역으로 내세울 명분 또한 지극히 약한 터였지만 '둘'이 넘지 못한 궁극의 벽은 결국 정치적 정통성의 빈곤이었다.

자신의 취약성을 보완·극복하기 위한 공적 핑계를 하필 퇴폐의 진압에서 찾은 입장이나 반대로 그 묵인과 조장에서 구한 경우나 그들의 처지는 서로 통한다. 정통성 부재의 콤플렉스를 뛰어넘는 최상의 도구로 (그들 스스로를 되비친) 부도덕하고 원색적인 욕망의 '터전'에 기댔기 때문이다. 그것들을 호되게 활용하는 것이야말로 자신을 가리고 호도糊塗할 가장 좋은 '방편'이었고 자신을 돋보이게 할 고결한 핑계거리이기도 했던 터였다. 공격적 방어는 가장 훌륭한 다스림의 전략이었으니까.

후려치면서 무릎 꿇리거나 거리끼지 못할 꿀단지에 빠뜨려 헤매게 만드려는 '금압' 혹은 '양동陽動'의 지배전략으로 날들 지새는 동안, 부대끼며 고단키만 한 단어가 '퇴폐'였다. 민주화의 물결과 표현의 자유가 허여되자 사정은 한결 나빠진다. 한번 펴진 분홍빛 세상의 촉수觸手는 급속도로 세포분열하고 있었다. 꿀통한가운데 빠진 개미가 허우적대다 지쳐 죽듯, 핑크사회의 열렬烈烈한 지분냄새는 본능의 연결 사슬을 한층 강고히 묶는 접착제였다. 신경구조도 그래서 '중추'보다야 '말초末梢'가 으뜸이었다.

흔히들 희생자 없는 범죄 공간으로 알려진 매매춘 시장까진 그만두더라도 합법적 술집이나 무허가 주점은 물론 이제는 귀청소방에 키스방을 돌아 전화방, 노래궁, 호스트바를 엮는 환락의 고리가 퇴폐란 단어로 분류·인식되는 사례들도 식상하기만 할 뿐이다. 게다가 실효도 없는 단속과 국가의 으름장만 되풀이할 때 단어의 고전적 기초까진 그만두고 졸지에 타락과 절망의 대명사로 전락해버린 나날들 속에 모두가 함께 묻어가는 게 오늘의 '우리' 아니던가.

퇴폐의 해방 전후사를 가르는 핵심의 차이는 집단적 수치심 '여부'에 있나. 한때, 강점기 역사 속에서 퇴폐는 그나마 '부끄러워 할 줄' 알았던 낭만의 주역들이 기대려들던 정서의 느티나무이자 퇴락한 지팡이쯤이었을 것이다. 어쩌다 재수 좋게 마약이라도 생기면 모를까, 그저 태반이 막걸리나 약주 혹은 왜놈의 '사케正宗·まさむね'라도 마셔대며 기묘한 곡기穀氣와 알지 못할 당도糖度에 취한 채 민족을 농弄하고 나라를 탓해댈 일이었을 것이다. 설령 그렇더라도 이내 치미는 울기와 자기혐오가 동원하는 분노 일랑 겸허한 탄식 아니면 진솔한 무능의 인정으로 탈바

꿈할 여력만큼은 충분했단 얘기다.

그것이 정작 '잃은 나라' 찾는데 무슨 보탬이 되랴 반문할 여지도 당장은 커보이리라. 하지만 이제 막 저지르고도 다시 또 서슴없는 패륜과 부덕을 채비하는 오늘의 저 익숙하며 야비한 퇴폐하고야 어디 진정성이나 낭만의 정도를 흔쾌히 견줄 일일까. 그렇다고 오늘의 '국가'가 어찌 모든 이들의 도덕적 면책의무까지 걸머질 마지막 주체가 될 수 있을까. 만일 그게 가능하다면 자유와 평등 혹은 정의 실현에 이은 또 다른 정치적 불가사의를 말하게 될는지 모른다. 하지만 그것이 정녕 턱없는 주문임을 알아차리는 데 별다른 어려움이 없다면 오늘의 퇴폐야말로 가장 손쉽게 창살 속으로 민중을 엮어 넣을 일상의 혐의임을 입증하는 데도 시간은 과히 걸리지 않으리라.

1. 홀로 극복할 대상이 퇴폐란 사실에 굳이 이의를 제기할 필요는 없다. 그러나 그것이 개인의 영역을 벗어난 전체의 문제일 수 있다는 사실 또한 부정할 이유가 없다. 게다가 퇴폐를 빌미로 통제와 간섭을 의식할 때 국가가 다른 생각을 하는 것도 잊어선 안 된다. '정치'는 '통치'마저 총괄하는 합법적 음모의 대명사이자 파수꾼들의 가장 만만한 변명거리일 수 있기 때문이다.

2. 퇴폐는 권력이 기획한 함정이자 만만한 덫이다. 자기의 부도덕을 면탈할 그럴듯한 핑계이자 권력의 도주逃走 명분으로 이만 한건 더 없다. 자신을 향한 지탄이나 불화살의 방향을 돌려놓기론 약자의 흠결을 극대화하거나 통제의 필요를 과장하는 게 극히 효과적이기 때문이다. 그 덫에 뭐가 걸려들지, 함정 만들기의 대가가 무엇인지 따윈 훨씬 다음다음에 자리할 '궁금함'이다.
3. 통제와 가둠의 효과가 묽어지거나 아예 없어졌다고 하여 그것을 곧 현상의 완전소멸로 이해할 순 없다. 퇴폐는 곳곳에서 재현·빈발하기 때문이다. 욕망 추구와 향유의 순환구조가 멈추지 않는 한, 퇴폐의 메커니즘도 멈추지 않는다.
4. 사라지지 않는 퇴폐와 권력의 통제 욕구는 공생한다. 아니, 그 힘의 균형이 사회 안정과 질서유지를 위한 명분을 한층 강화한다는 데 밑줄을 그을 일이다. 퇴폐의 정치력이 되레 권력을 긴장시키고 당국의 숨은 폐부肺腑를 거울처럼 되비친다는 데 주목해야 할 까닭이다. 퇴폐가 권력을 두려워하는 게 아니라 권력이 퇴폐를 강하게 의식한다. 유난히도 자신을 닮은 퇴폐의 속성과 그 정체를 자각하는 동안 무서움의 정체는 엉뚱한 곳에서 발현·확

장한다는 데 붉은 두 줄을 긋자.

그렇게 보면 퇴폐의 인식 층위란 제법 두텁고 폭넓은 셈이다. 표현의 지층과 이해의 스펙트럼도 간단치 않은 장場을 통해 펼쳐졌음을 서서히 헤아리다보면 편견의 텃밭이란 놈도 이젠 은근슬쩍 비껴 설 때가 된 건 아닐까. 그럼에도 불구하고 기왕의 선입견이 좀체 자리를 내주지 않을 태세라면 한 번 더 생각해 보자. 우리의 뇌리 깊숙이 박혀버린 퇴폐의 강고한 화살과 그 촉 끝에 묻어있는 괴이怪異적은 독약 말이다. 대표적 포털사이트가 운영하는 한 사전은 '퇴폐Decadance'를 이렇게 정의한다.

> 옛날부터 사회가 발전성을 잃고 종말에 가까워져 사회의 여러 모순이 두드러지면 한편으로 이를 해결하기 위한 적극적·발전적 방향을 목표로 한 운동이 생겨난다. 하지만 다른 한편, 이 모순 때문에 여러 소극적·부정적 현상이 나타나 사회는 방향을 잃는다. 후자를 일컬어 사회의 퇴폐 상태라 말한다. 민족이든 개인이든 이에 사로잡혀 전자의 방향성을 갖지 않는다면 생활의 퇴폐가 일어나고 이를 반영하여 심리적으로 민족이든 개인이든 사회생활을 피하려는 소극적·병적 심리가 나타나 염세적 혹은 반反사회적 생활을 좇는 분

위기가 퍼진다. 이것이 정신생활의 퇴폐다. 두드러진 경우는 자본주의 사회가 제국주의 단계로 들어간 19세기 말에 나타나 '세기말 사상'으로 생겨난 예술 활동에서 찾을 수 있다. 프랑스 시인 말라르메Stéphane Malarmé : 1842-1898, 랭보Arthur Rimbaud : 1854-1891, 영국 작가 와일드Oscar Wilde : 1854-1900 등의 작품들이 그 예다. 오늘날에도 사회현실을 반영하면서 나타난다(초현실주의·추상주의 예술 등).[9]

세상이 암울해져도 빠져나갈 작위作爲적 노력은 하지 않는다는 점. 그 같은 방기放棄와 체념의 정서 속에서도 자기 치유는 커녕, 무기력과 무책임으로 넘쳐나는 자조와 안주로 일관한다는 사실. 그것은 말기적 증상이며 그대로 놔두면 당사자의 죽음은 물론 세상마저 병들 것이란 우려. 퇴폐는 질병의 재촉이자 '나'와 모두의 건강을 위해 방임할 수 없다는 경고와 암시. 하필 그것은 세기의 전환기에 나타나며 '데카당decadent'의 국적도 제국주의 유럽의 중심지였다는 아이러니. 우리에게 그 언어의 자생성은 불분명하며 그것마저 수입해야만 했다고 인식하려는 별난 허기[10]의 확인. 온갖 언어의 사치는 19세기를 자궁으로 삼는다는 역사의 이변과 희한稀罕한 쏠림.

아무리 가치중립과 배제의 중요성을 힘주어 말한들, 한번 빠져든 편견의 늪은 좀체 벗어나기 힘겹다. 극도의 부정적 연상이나 혐오에 가까운 선입견이 빚은 오해일망정, 문자를 접하거나 단어를 듣자마자 상상하는 온갖 편견들도 각고의 시간을 투자해야만 털어낼 '못된' 가치임은 부인하기 어렵다. 퇴폐 역시 어김없이 그 항목의 중심을 차지하는 까닭도 다시 강조하는 건 동어반복이다.

이 작은 책은 그나마 두터운 편견의 껍질 한 구석을 건드려 이제껏 퇴폐란 단어 하나가 무릅써야만 했던 인습의 무게를 새삼 재어보려 한다. 뿐만 아니라 2음절의 그 단어가 역사와 시대 변화를 거치며 어떻게 편견의 늪을 헤치며 때로 부유浮游하고 때로 횡행했는지 살피려 한다. 예상외로 그 단어는 오랜 사용의 역사를 지니며 시대 흐름에 따라 그에 걸 맞는 의미체계와 이해의 메커니즘을 확보한다. 그것이 각기 어떤 편차를 지니며 서로의 변별력을 갖는지 헤아려 봄도 책의 부수적 목표다.

'퇴폐'는 멀리 잡으면 고려조부터 오늘에 이르는 사회적 유통의 의미망을 갖는다. 여기서는 주로 조선사회에서 보편화하기 시작하는 그 단어의 유시지usage를 먼저 살피고 그 의미체계가 정착·만개하는 강점기의 이해구조를 상세히 좇기로 한다. 가장 암담하였던 시절에 되레 힘없고 자기경멸적인 언어를 탐닉하며 자학적 인내의 방편은 물론 정신적·육체적 도피의 출구를 퇴폐에서 찾는 앞 세대 사람들의 견딤의 모습은 오늘 무엇으로 다가올까.

자발적 근대화는 비록 완수하지 못했건만 잃어버린 모국어를 뒤로 한 채 퇴폐의 르네상스를 견인한 앞 세대의 무기력을 산산조각 박차고 튼실한 문화의 중추를 곧추세워주기 바랐던 해방 공간 구성원들에게 퇴폐는 무엇이었을까. 게다가 이제 정녕 그건 사라진 것일까. 어느 영화감독의 말처럼 '잘 알지도 못하면서' 괜스레 짱돌들만 던져대는 게 퇴폐라는 이름의 과녁이다. 자기네도 남몰래 좋아하는 단어이면서 도덕에 윤리까진 왜 그리 밝히는 겐지. 그 단어 가까이엔 세상천지 한 번도 가보지 않았던 양 난리들이다. 그 중 호들갑은 권력이 제일 많이 떨지만 말이다.

딴 건 몰라도 이건 제대로 알자. '퇴폐'는 '퇴폐하다퇴폐하다' 못해 다다른, 그러다 말라비틀어진 '지치고 고단한' 명사라는 걸. 동사가 쌓이고 쌓여 기기묘묘한 추상명사가 되어버렸다는 걸.

주

1 [His] tory or [Her] story?

2 일반적인 사전적 정의에 따르면, '퇴頹'는 '무너지다'의 의미를 우선 반영한다. '폐廢' 역시 그 같은 의미를 겹쳐 드러내지만 이는 주로 '기운'과 '쓸모'를 다하여 물리적 외형이나 기능적 존재 이유를 잃어버린 사물의 객관적 상태를 표상화한다. 그것도 굳이 누군가 그처럼 원하고 인위적으로 부셔버렸기에 못쓰게 된 물리적 절멸絶滅 상태를 뜻하지 않고 세월이 지나 쇠잔해지거나 이제는 부서질 정도의 연륜이 시간의 나이테로 쌓여버려 형상의 사라짐을 예비해야 하는 경우다. [頹 → 무너질 퇴, 턱 퇴 : 1. 무너지다, 무너뜨리다 2. 기울다, 기울어지다 3. 쇠衰하다, 쇠퇴衰退·衰頹하다 4. 쓰러지다 5. 떨어지다, 낙하落下하다 6. 좇다 7. 따르다, 순종順從하다 8. (물이)흐르다, 흘러내리다 9. 해이解弛해지다 10. 품다, 생각을 가지다 11. (머리가)벗어지다, 대머리가 되다 12. 질풍疾風 13. 턱, 아래턱 14. 턱뼈 15. 뺨 아래 16. 대머리]

3 [廢 → 1. 폐廢하다 2. 못 쓰게 되다 3. 버리다 4. 그치다 5. 부서지다 6. 떨어지다 7. 무너지다 8. 쇠퇴衰退·衰頹하다 9. 고질병痼疾病 10. 크게 11. 매우]

4 이를 탐구하는 영역을 일러 '개념사' 연구라 부르기 시작한 것도 그리 오래전 얘기는 아니다. 이에 관해서는 다음 책을 참조할 것. 나인호, 『개념사란 무엇인가』(서울 : 역사비평사, 2011) ; 손정수, 『개념사로서의 한국근대비평사』(서울 : 역락, 2002) ; 하영선·손열 엮음, 『근대 한국의 사회과학 개념 형성사2』(파주 : 창비, 2012).

5 이희승(편), 『국어대사전』(서울 : 민중서관, 1977), p. 2977.

6 *Ibid.*

7 지금이야 널린 게 커피숍이지만 어쩌다 도회지 속살을 파고들어, 그것도 목 좋은 다운타운 한가운데 똬리 틀 듯 찻집이 장악한 연유도 굳이 따질 필요조차 없다. 갈 곳 없고 하릴없던 식민지 백성들의 문화갈증 해소책으로 보자면 왜 하필 대책 없이 발음하기도 버거운 '끽'을 썼을까 억지로라도 이해가 간다. 그 뜻이란 게 '마시다·먹다·피우다'이니 뭐든 죽을 만큼, 그리하여 잊든지 견디든지 가능하다면 누구든 불사不辭하지 않았을까. 자아가 형성된 당대의 보통 인간들이라면.

8 온갖 문제의 근원을 '밖'에서 찾음으로써 '안'의 책임과 과오를 면피免避·초탈超脫하려는 자아방어기제Self-Defence Mechanism.

9 http://terms.naver.com/entry.nhn?cid=282&docId=388858&mobile&categoryId=282

10 나쁜 건 다 저들의 것이요, 좋은 건 본디 우리의 것이었다는 극단의 자위도 이 단어의 적합한 이해 방식으로는 도움이 되지 않는다. 퇴폐를 배타적 시각으로 조망해봤자 그것이 곧 우리의 일이 되어버리는 건 시간문제이기 때문이다. 누군가 억지로 들여와 빌수의 내가를 치러야 했던 것도 아니었다는 점에서 퇴폐의 국내 알리바이는 금세 옹색해진다. 하지만 그건 일정 기간 지탱하는 '현상'이자 '조건' 아니면 한순간 '자각'일 수도 있다는 점에서 의미의 궁극은 '주관'의 언덕을 훌쩍 넘어서지 못한다. 따라서 누구든 스스로 퇴폐적 상황이나 그 끈끈한 유혹의 터널을 벗어난다면 유난스런 도덕성으로 자신을 감쌀 가능성 역시 높을 것이다.

Ⅱ. 유교국가의 타락 :
습속의 퇴행과 지배계급의 문란

『조선왕조실록』의 '퇴폐' 언급 횟수는 국역본과 원본 모두를 합쳐 천 여 건에 달한다. 중복 분을 감안할 경우, 그것도 같은 내용을 판본만 달리 했던 점을 고려하자면 (절반만 잡아도) 그리 많은 부피가 아니니다. 왕조의 역사가 519년 지속되었으니 1년에 한번 꼴도 안 되는 셈이다. 사관들의 공식 언급이나 세상을 이끌던 이들의 언사言辭만이 전부였다 말할 수 없는 것이야 당연하지만 정사正史의 기록을 중시하고 보자면 그렇다는 얘기다.

[표 1]에 나타난 대로 아예 '퇴頹'와 '폐廢' 모두를 나란히 표기한 횟수 총계를, 그것도 원문 표기로 국한하자면 총204건이다. 연간 0.393회 꼴이다. 스물일곱 명의 군주가 5세기 넘도록 다스린 세계정치사의 매우 독특한 사례인 것이야 왕조 지탱의 최장最長성으로 이미 정평이 나 있으나 평균 2.54년에 한번 꼴로

'점잖지 못한' 단어를 거론했다는 건 뭘 뜻할까.

1. 퇴폐의 언급 횟수가 적었던 건 그만큼 조선사회의 건강과 온전함을 반증하는 것일까.
2. 많든 적든 '그네들'이 통용하던 퇴폐의 '그것'은 오늘과 어떤 의미의 편차를 드러낼까. 같다면 무엇이 같고 다르다면 뭐가 달랐을까.
3. 정사의 기록이 '있었던 일들'의 '완벽한 재현'이나 '실질적 복원'을 의식한 게 아니라면 이 같은 언급 부피는 상당한 '배제'와 '도약' 혹은 '왜곡'을 전제하는 건 아닐까.
4. 고의적으로 누락시켰다면 그 같은 제한적 언급 안에는 뭔가 색다른 정치적 동기가 있었던 게 아닐까.

실록이 채택한 '퇴폐'의 용례用例란 그리 다양하지 않다는 데 역시 주목하게 된다. 이 같은 네 가지 제한된 문제에 초점을 맞춰보자면 그 의미는 오늘 우리가 사용하는 '그것'과 크게 다르지 않은 것도 사실이다. 양과 질에서 비록 오늘과는 다르지만 조선 사회 역시 결코 정숙하거나 평온한 세상이 아니었다는 점에서 퇴폐의 제한적 언급은 우선 눈길이 간다.

조선 사회는 역동적이거나 활력적이었다는 점에서 일반의

예상을 깬다. 그렇다 하더라도 오늘의 다원주의를 방불케 할 계층의 원활한 이동이라든지 직업 선택이 보장된 건 물론 아니었고 세습군주체제의 왕조국가가 엄격한 신분질서와 차별적 문화를 무릅써야 했던 것도 사실이다. 하지만 그(들) 역시 구타와 살인, 강도와 강간, 사기와 절도로 시달리는가 하면 꾸준한 모반과 반역으로 체제의 긴장을 더했다.

[표 1] 『조선왕조실록』에 나타난 '퇴폐'의 언급 건수 비교

단위 : 건(件)

군주(板本)	퇴폐(국역)	퇴폐(원문)	頹廢(國譯)	頹廢(原文)	계
태조	3	0	3	0	6
정종	0	0	0	0	0
태종	5	3	1	1	10
세종	10	5	1	5	21
문종	1	0	0	0	1
단종	1	0	0	0	1
세조	3	1	2	0	6
예종	1	0	0	0	1
성종	24	10	7	6	47
연산군	6	2	1	0	9
중종	180	74	3	53	310
인종	2	0	0	0	2
명종	27	10	2	10	49
선조	48	25	2	22	97
선조수정	7	1	0	1	9
광해군일기(중초본)	13	17	0	14	44
광해군일기(정초본)	11	16	0	13	40
인조	22	16	0	15	53
효종	22	13	0	12	47
현종	11	8	0	8	27

현종개수	6	11	0	11	28
숙종	32	19	10	15	76
숙종보궐정오	4	1	0	1	6
경종	7	2	2	2	13
경종수정	0	0	0	0	0
영조	28	7	4	5	44
정조	39	11	5	6	61
순조	20	0	0	0	20
헌종	0	0	0	0	0
철종	2	0	0	0	2
고종	12	4	0	4	20
순종	0	0	0	0	0
순종부록	0	0	0	0	0
총계	547	256	43	204	1,050

엄격한 신분사회이면서도 제한적으로나마 계급이동이 가능했고 잘나가는 양반·지주·관료들도 얼마든지 몰락과 파멸을 감수해야 했던 조선이었다. 물론 외형적으로 왕조의 지속은 거개擧皆 민중의 자발적 복종과 지배세력의 전반적 순응을 에너지의 주축으로 삼지만, 기실 그 속내의 엄중함이란 무자비한 형벌과 사회통제의 예고로 가능했던 세상이기도 했다.[1] 그런가하면 분노한 백성이 두려워 자신의 주변을 긴장어린 눈빛으로 되돌아보는 권력도 있었고 일탈과 배반을 목숨과 처연히 맞바꿔야 할 민중이 있어 그 특이한 알력과 공포의 균형도 가능했던 '곳'이 예전의 이 땅이었다.

조선 사회를 지탱한 여러 힘들 가운데 이 같은 역동성은 사회 각 구성원의 상호견제와 균형을 도모하게 만든 중추적 기운이었다. 신분은 서로 달랐으나 '각자'는 '상대' 없이 존재하기 힘든 상호의존성과 조화의 명분을 찾기 위해 무던히도 애썼다. 하지만 질서의 외형은 비록 탄탄해 보였어도 늘 그런 것만은 아니었다. 불만과 불안이 과잉 숙성되면 범죄는 얼마든지 성盛했고 억압과 제재가 지나칠라치면 저항과 도발 역시 누를 길 없이 퍼져나가는 지극히 자연스런 체제이기도 했다.

양반과 지주가 교만의 극을 달릴 때 노비가 도망가거나 종이 일탈하는 건 다반사였다. 관료가 본분을 게을리 할 때 백성들의 원성이 자자해지는 것도 정한 이치였다. 거꾸로 아래 신분이 나태하거나 진지하지 못하여 억압과 훈계의 명분을 제공할 때 지배세력의 패악悖惡이 은폐되는 일이야 앞의 경우보다 흔했고 또 당연했던 터다. 하지만 양반의 자제가 타락하는 일은 있어도 몸종의 자식이 주인의 일탈을 비판하거나 천출의 도발과 비루한 존재의 저항이란 있을 수 없었다.

사회적 견제와 균형의 지탱을 바탕으로 삼되, 가진 자와 높은 이들의 도덕적 자각이 늘 세상 질서의 근본을 이루며 모범과 그 계몽 효과가 올바르게 작동해야만 한다는 주문은 버릇처럼 이어지고 있었다. 그 강제적이며 위선적인 준수가 강박처럼 되풀이될 때 위반과 배격의 욕망도 누를 길 없이 커져만 가고 있었던 건 극히 당연했다. 바로 그 억제의 의무와 한없는 일탈 욕구를 조율할 적절한 메커니즘이 힘을 잃을 때 조선 사회도 얼마든지 '망가질 수 있었다'는 데 우리는 밑줄을 그어야 한다.

그러나 세상이 망가질 경우, 다가올 책임과 밀려들 악평은 견디지 못할 권력의 도저한 항목들이었다. 비록 식민지를 요구할 정도로 강력한 외세에 모든 걸 잃고야마는 국가였지만 지배세력의 존재이유는 적어도 아랫것들에게 당하거나 그럴 빌미를 주어선 안 된다는 절정의 강박과 통하고 있었다. 그것은 극도의 체면우위론으로 '겉'의 기운을 잃으면 모든 걸 잃는다는 조바심 즉, '허세'였다. 자칫 그 같은 일이 벌어지지 않기 위해서라도 권력은 늘 '교육적'이었고 국가는 항시 완벽한 윤리의 구현 주체여야 했다. 항시 가르칠 태세가 되어 있고 무엇이든 이룩할 힘을 지닌, 완벽한 듯 보이는 그런 대상이 '허물어진다'는 건 있을 수 없는 일이었다.

그러나 현실은 달랐다. 조선은 능히 '퇴폐적'이었다. 오늘 누구나 떠올리는 저 삿되고 천박하며 저열한 이미지는 차라리 역사 속 본능이자 늘 잠재하는 '인간의 조건'이라 말하는 게 더 옳을 것이다. 게다가 완벽한 듯 보인 모범의 주역들마저 반도덕적·비윤리적 행태들로 의외성을 드러냈음을 모르지 않는 우리다. 감당키 어려운 진실을 뒤로 한 채 끌어안아야 할 시치미의 무게가

실로 버거웠지만, 평소의 엄숙주의에 덤으로 기대야 그나마 살아갈 수 있었음을 굳이 지적해야 한다면 해야 하리라.

더는 나빠지지 않길 기대하며 사는 건 예나 지금이나 다름이 없다. 저지른 일들이 세상에 드러나지 않길 고대했다는 점에서 절박하긴 모두가 마찬가지인 셈이다. 다만 지금과 그때가 다른 건 인구 차이로 인한 (퇴폐적) 사건 발생의 절대 부피쯤 될 것이다. 하지만 저지른 일들, 그러니까 그걸 구태여 '사건'이라 부르자면 내용과 성격은 전혀 비교할 수 없다는 데 주목하게 된다. 지금의 관점에서 보면 당대의 일들이 상상을 뛰어넘는 경우도 있고 그때를 우선시하자면 오늘의 것이 대단한 사례들도 얼마든지 가능할 것이기 때문이다.

그러나 근본적인 문제는 왕조사회나 오늘이나 관계없이 역시 무엇을 '퇴폐'로 볼 것인지에 관한 합의 여부일 것이다. 실록 어디에도, 아니 오늘날마저 많고 많은 사전 어디에도 그것이 무엇인지에 관한 명쾌한 분류조차 없음에 주목한다면—덧없는 현상이든, 구체적 사건이든—그에 관한 명징明澄한 이해는 좀체 어렵다. 늘 일정 부분 추상성을 배제할 수 없는 이른바 '모호함과의 동반tolerance of ambiguity'은 유교국가 조선의 경우 한층 심하다.

귀납이 어렵다면 연역이라도 할 일이다. 사전적 정의도 마뜩치 않고 믿을만한 인문학의 기준이나 사회과학의 인프라도 약하다면 그 기초나마 다질 일이다. '실록'에 나타난 '퇴폐'는 무엇보다 1) 도덕의 '허물어짐'과 2) 윤리의 '황폐'는 물론 3) 행태의 '가벼움'과 4) 소행의 '천박함'을 이끄는 5) 인식의 '구차함' 혹은 6) '인색'하고 7) '남루'한 행색을 유발하는 8) 인격의 '무너짐'과 함께 9) 어느 한 극단으로의 '치우침'(아니면 '쏠림')과 10) '쓰러짐'을 총칭한다. 그것은 삶의 '조건·현상·상황·결과'의 어느 한 국면만 지칭하지 않으며 부정적인 인과론 전체를 아우른다.

때로 그것은 기운이 다하여(衰頹) 그대로 사라지거나(消滅) 존재해야 할 어떤 이유도 더 이상 내세울 수 없게 된(絶滅) 막막(寞寞)한 지경(地境)을 고스란히 담아낸다. 덧붙이자면 '가시적으로 존재'해도 '존재하나마나'한 상황을 전제하고 그 같은 유사 조건들을 동시 포섭한다는 점에서 어디서 어디까지를 '퇴폐'로 볼 것인지 엄정한 범주를 그려내기란 사실 쉽지 않다. 바꾸어 말하면 그 범주의 총체는 넓기도 하지만 깊이 또한 심深·甚하여 상태의 윤곽이나 속성을 특정하기가 어렵다.

있어도 있지 않은 듯 있고 머잖아 사라져버릴 존재의 취약성을 극한으로 드러낸다는 점에서 조선 사회의 퇴폐는 단순한 감상感傷에서 출발하는 존재론적 허무나 오늘 많은 이들이 자유연상하는 '덧없음evanescence'과는 근본적으로 다르다. 그것은 일시적 감각의 퇴조나 연약한 자기정서를 달래기 위한 최소한의 방편일 수 있겠지만, 그런다고 근본적인 파멸과 아득한 망조亡兆의 흐름을 되돌릴 수는 없다는 점에서 퇴폐는 차라리 운명적 콘셉트이지 센티멘털하거나 도피의 편리한 출구까진 되지 못한다.

그때가 철저한 신분사회였기 때문만은 아니다. 세상을 지탱하는 온갖 힘을 거역하여 기존의 흐름을 무너뜨리려 하거나 전통에 역행하여 질서의 줄기를 뒤흔들려는 모든 시도는 곧 '죽음'이었기에 조선의 퇴폐란 어떻게든 '막고' '가려야' 할 나라의 의무 가운데 하나였던 셈이다. 그럼에도 불구하고 자신의 전부를 걸고 욕망의 억제를 마다할 생각이었다면 그 대가란 우선 제 자신부터 무너져 내려야 할 것이었다. 그렇다면 조선 사회에서 퇴폐의 반대어는 '단정端正'이 아니라 '억제'였을 것이다. 외형적 반듯함이란 것도 온갖 유혹과 욕망을 누른 다음에야 이루어지는 불안한 조율의 결과였다면 더더욱 그러했을 것이다.

주인마님을 사랑한 종 이야기나 사대부 여럿을 무너뜨린 여염집 부인의 사연들도 그러하고 양반의 지배구조 자체가 못마땅하여 아예 체제 전복이나 천명天命의 혁파를 도모하려 '듦'은 퇴폐치곤 애당초 그 단위가 센 것이었다. 하여, 사랑의 대가가 죽음 아니면 신분의 강제하강壓良爲賤으로 구체화하거나 삼족을 멸하는 극한 형벌의 집행으로 도드라질 때 이를 단행하는 지배세력의 모럴리티란 가만있어도 하늘을 찌를 듯 고결해지는 '것'이었다.

욕망을 다스리지 못하여 망가지는 경우의 수는 실로 허다했다. 제한된 지면에 이들을 모두 싣진 못하지만 그것은 비단 성적 욕구의 분출이라는 본능 차원으로만 한정되는 것도 아니다. 사회적 기강 해이로 드러나는 자기 역할의 방기나 만용은 물론 게으름과 불결함, 아니면 종교적 아집과 온갖 독선으로 인한 인간관계의 말살 혹은 그 단절을 이끈 여러 일탈적 행위들도 이에 포함된다.

결과적으로 백성들 대부분이 견뎌내는 욕망의 곡절曲折을 한사코 뿌리치거나 내던져버림으로써 생겨난 퇴폐의 사단들이란 한결같이 '쏠리고 치우치며 허물어지는' 인간관계를 전제할 뿐만 아니라 그 원인의 대강을 '가볍고 천박하며 진지하지 못하여' 다다른 자기파괴와 절망의 '저지름'으로 이해하고 있었다. 스스로 억누르지 못하여 일어난 사회적 지탄과 비난의 소행들이었다면 세상을 보호하거나 지탱한다는 명분만으로도 권력의 개입과 처단은 당연했고 부단한 통제는 얼마든지 합리화할 수 있었던 셈이다.

흥미로운 것은 조선사회에서 퇴폐란 단어 자체가 권력의 전용專用이었다는 점이다. 특히 그것은 '정치권력'의 언어였다. 그 같은 사단들을 허용한다는 게 곧 자신의 존재이유를 부정하는 것이라면 억압과 간섭의 필요도 정치적으로 극대화할 수밖에 없었던 셈이다. 하지만 그 같은 일들이 턱없이 자주 발생한다거나 권부의 계도 의지와 조치가 효과적이지 않았다면 그 또한 문제임도 권력으로선 신경써야할 대목이었다. 많다면 기록과 알림의 과정에서 조절해야 하고 적다면 파급 효과를 고려하여 확실히 조치해야 하는 대상, 그것이 '퇴폐'였다.

예나 지금이나 이 같은 일들을 감행하거나 저지른 이들이 자신의 행동을 '퇴폐적'이라고 믿거나 그걸 '퇴폐'였다며 인정하는 경우란 거의 없다. 그것은 거울에 지저분하게 비친 사람들을 향한 저주의 터미놀로지였고 어떻게든 다스릴 작정으로 다가서는 권력의 전유물이었음을 확인하는 일은 아무리 강조해도 지나치지 않다. 게다가 늦더라도 중요하다.

다음 [표 2]에 나타난 용어들도 조선의 당대 왕실권력들이 이 같은 관점에서 선호한 퇴폐의 주변 개념들이다. 이는 실록에 반복 등장하는 유사 용어들을 임의 선정·추출한 결과다. 언어의 쓰임새에 주목하자면 오늘 통용되는 것들과 수 백 년 전의 그것이 같으리라고 기대하긴 곤란할 것이다. 여기서 살피려는 '퇴폐'란 표기 역시 오늘과 어제가 같다 해도 정확한 사용 맥락과 뉘앙스 차이도 간단히 견줄 사안은 아니다. 아무리 적극적으로 이해한다 하더라도 이 콘셉트에 밝음과 맑음의 이미지를 덧씌우기란 여간 힘겹지 않을 것이다.

그것은 한결같이 지탄과 염려의 정서를 동원하거나 선도와 교화 대상으로 몰려 한다는 점에서 주목할 일이다. 특히 왕조사 초기부터 심지어 그 패망 국면에 이르도록 이 같은 관점을 일관되게 지탱한다는 점에서 다음 용어들도 같은 스펙트럼 안에서 이해할 일이다. 그 크고 작은 의미 편차 역시 지배계급의 권위주의적 발상과 비현실적 명분론 강화에 이바지한 것도 빠뜨릴 수 없는 대목이다.

[표 2] 『조선왕조실록』에 나타난 '퇴폐'의 주변용어 언급 건수 비교

단위 : 건(件) / 한자漢字 통합결과

구분	퇴미 頹靡	퇴패 頹敗	퇴비 頹圮	퇴락 頹落	경박 輕薄	부박 浮薄	투박 偷薄	비루 鄙陋	계
언급 횟수	157	119	292	205	354	666	149	315	2,257

이 같은 용어들 역시 실록을 작성한 사관들의 전유물은 아니었다. 그들로 하여금 기록과 정리를 도맡게 한 지배세력들의 일상 언어이자 기왕이면 특이한 문자향文字香으로 지배세력 내부에서도 돋보이고자 애쓴 사대부 권력의 정치적 '꾸밈'으로 볼 일이다. 물론 그런다고 해서 퇴폐적 삶이 갑작스레 고상하거나

단정히 바뀔 리는 만무였겠지만 말이다. 조정朝廷이 우려한 퇴행적 풍조란 그러나 생각보다 그 유형이 단순했다. 그리고 반드시 사회 윤리의 붕괴나 위기를 개탄하는 일로만 국한되지 않는다.

조선조 내내 권력부문이 우려한 퇴폐의 대상은 불교적 잔재와 깊이 관련된다. 고려 말 불교의 폐단이야 널리 알려진 사실이지만 선초鮮初의 각별한 정치적 다짐에도 불구하고 오랜 종교적 관습에 익숙했던 문화가 하루아침에 달라지길 기대하긴 곤란한 터였다. 기복신앙의 전통을 이어가려는 부녀자들의 은근한 기대는 물론 남성들의 암묵적 동의와 종교적 추수追隨를 퇴폐로 보려는 권력의 자세는 사실 종교 정치적 강박 그 자체였다. 이를 제거하기 위한 조선조의 억압 명분은 곧 종교의 삿된 정치화와 민생 교란을 방지해야 한다는 필요와 직결되고 있었던 것이다.

국가 기강의 해이를 전부 종교 탓으로만 돌릴 순 없는 노릇이었다. 앞서 이야기한 세상 곳곳의 도덕적 문란과 인륜의 무너짐으로부터 정치적 도발과 모반의 획책 등 국가질서를 교란하는 온갖 정신적 황폐에 이르기까지 억제해야 할 욕망의 단위는 널려 있었다. 성적인 욕구의 합리적 해소를 위해 지독히도 일방적이었던 남성 중심의 사회관행을 주목하자면 이 역시 오늘의 관점을 고스란히 대입하긴 어렵다. 모름지기 사대부에겐 세 명의 여성을 취取할 가례家禮의 전통 즉, 축첩을 앞세운 지배세력의 성적 탐닉은 그대로 놔둔 채 세상의 윤리적 암담함을 개탄하는 일은 지극히 위선적이기 때문이다.

그 같은 모순을 전면적으로 내면화하면서 질서 그 자체를 아예 거부하거나 혁파할 적극적 사고에 극히 인색했던 게 신분사회의 특징이었다. 또한 지배세력의 내부 모순을 정면으로 지적할 의식과 문화 중추를 기대조차 할 수 없던 상황 속에서 거개의 민중 역시 도모할 수 있는 행동의 최대값이란 권력의 결정을 고스란히 수용·복종하는 일뿐이었다. 그것을 허용함으로써 자신의 존재 그 자체와 존재의 지탱을 보장받는 허약한 고전적 복종계약의 허울도 여기서 그 틀을 갖춘다. 그것을 만들고 이어가며 확장하려는 또 다른 정치적 욕구 안에 자신의 허물 따위야 쉽게 감추려들던 조선조 권력의 의도는 얼마든지 쉽게 성사되고 있었다. 음험하고도 퇴폐적인 생각이란 라벨 따위야 전혀 붙일 필요조차 없이 말이다.

특이했던 퇴폐 표기의 문화적 관행 안에는 전혀 의외의 현상들도 개입한다. 오랜 세월 견디다 못해 제 스스로 무너져 내리는 물리적 괴멸壞滅 과정이나 그 참담한 어느 한 국면을 묘사하는 단어로도 '퇴폐'를 사용한 당대의 문화는 예외적이다. 그것도 어느 한 시기만이 아니라 왕조 전 기간에 걸쳐 고루 사용하고 있음은 주목할 일이다. 학교와 궁궐은 물론, 공공건물이나 사가

私家가 오랜 풍화와 세월의 무게를 견디지 못하고 무너져 내리는 '현상'을 윤리와 도덕의 '붕괴'와 등치等値시키려 했던 언어 관행이야말로 조선조 퇴폐 독해과정의 각별한 대목이다. 삭아서 무너지는 자연의 섭리나 참지 못하여 망가지는 인간의 샷됨이나 그들 모두를 함께 부르는 단어가 '퇴폐'였다니.

도덕의 '소멸'과 건물의 '괴멸'을 퇴폐로 이해·통용한 조선의 관행은 어느 경우든 '무너짐'을 이미지의 중심에 둔다. 이는 매운 드문 예였다. '무너짐'에 이어 오늘날 우리가 쓰는 퇴폐의 한자 어원에 깃든 의미의 본령으로 '사라짐'을 함께 사용한 관례도 주목할 일이다. 다음의 몇몇 기사들은 이를 대변하는 실록의 대표적 사례들이다. 1438년 2월 22일, 세종은 사리각 수리를 튼튼히 할 것을 명하면서 다음과 같이 말한다.

> 사리각 제조舍利閣提調 안순安純·성달생成達生 등을 불러서 말하기를, "이 사리각은 성조께서 지은 것이므로 무너지게 할 수가 없어 고쳐지으라 명한 것인데, 반드시 사치하고 화려하게 할 것이 아니라 튼튼하게 하고자 할 뿐이니, 경 등은 마음껏 조치하여 비록 오랜 세월을 지나더라도 기울지 말게 하라." 하였다.[2]

관리들의 재량을 중시하되, 그가 상당한 자제와 일의 내실을 다지는 당부를 섞는 까닭은 이것만으론 불분명하다. 다만 추론컨대, 개국 초기의 '억불숭유'를 둘러싼 사회분위기를 감안하자면 선대왕들을 의식한 임금의 명령은 제한적이었을 터이고 사리각의 요란한 재건이 아닌 튼실한 개축으로 집약된 것임을 알 수 있다. 선대의 축조물을 '무너지지(퇴폐) 않게' 하기 위한 최대의 방책은 소박하지만 강고한 보수補修라고 이해한 것이다.

그렇다면 당대의 퇴폐란 '잘 축조되어있고 튼튼히 맞물려 있으며 강건하게 지탱 가능한 온갖 것들'의 반대 개념으로 통용되고 있었으리라. 성종조에 이르러서도 퇴폐의 물질적 이미지는 정신적 콘셉트에 앞선다. 하지만 앞서 지적한대로 불교의 폐단을 비롯한 세상의 기강을 바로 잡아야 할 필요를 지적하는 등 두 가지 의미를 서서히 병용하고 있음을 알 수 있다. 조선 초만 하더라도 실록에서 퇴폐의 정신적 측면을 우려하는 대목은 주로 젊은 사대부들의 의식과 그들이 기거해야 할 배움터의 괴멸을 염려하는 기사들 안에 나타난다.

1470년 2월 21일, 예조는 여러 읍의 유생 수를 제한하지 말 것과 학사를 보수할 것을 청한다. 교육문제를 통치 차원에서 염려하고 그들의 물리적 학습 조건까지 함께 신경 쓰는 자세는 예나 지금이나 변함이 없다.

예조禮曹에서 아뢰기를, "제읍諸邑의 유생儒生들이 수가 적고 학사學舍가 퇴폐해져서 스승과 생도가 혹 남의 집에서 임시로 붙어서 사는 일이 있는데 관찰사가 만연히 살피지 않으니 국가의 학문을 일으키는 뜻에 어긋남이 있습니다. 유생은 구례舊例에 의거하여 액수를 정하지 말게 하고 학사가 퇴폐한 곳은 관찰사가 순행하며 살펴서 인리人吏·일수日守를 역사시켜 폐단 없이 수선하게 하소서." 하니 그대로 따랐다.[3]

젊은이들을 향한 교육열과 그 정치적 명분을 늘 세상 전면에 내세우는 데 성공적이었던 조선의 역대정권은 개혁군주 집권기에 이르면 더더욱 목청을 높인다. 그도 그럴 것이 폐주廢主를 대상으로 한 민중의 분노와 그 정치적 지지기반이란 굳이 힘주어 말하지 않더라도 충분한 설득력을 갖추고 있었을 뿐 아니라 세상의 실질적 변화를 끌어내야 한다는 권력의 부담은 단순한 의지의 차원을 넘어서는 일이었기 때문이다.

중종의 개혁이 특히 도드라졌던 건 연산조의 정치적 황폐와 세상의 불만이 그만큼 극심했음을 반어법적으로 잘 보여준다. 오죽했으면 실록 전체를 통틀어 퇴폐의 언급횟수가 유난스레 많고 그 반복적 경계와 권력의 단속이 강박 수준을 넘어서고 있을까. 그것은 곧 다시는 그 같은 시절로 되돌아가서는 안 된다는 주문과 그 당연한 계몽을 통해 세상 풍속과 일상의 습관을 긴장어린 분위기로 다잡으려는 권부의 기획의지가 작용한 결과이기도 했다.

중종은 학교 퇴폐에 관한 정광필과의 논의 과정에서 각별히 이르고 또 타이른다. 여기서는 모처럼 퇴폐의 물리적 차원이 아닌 정신적 염려가 살아난다. 그 이유야 두말할 필요조차 없이 피폐해진 문필文筆의 힘과 선왕의 교육적 무관심을 일거에 벌충하려는 정치적 의도가 잘 나타나고 있음을 알 수 있다. 반정 이후 온갖 개혁을 염두에 둔 중종이었으나 개국 초기의 준열峻烈한 각오와 각별한 정서가 크게 빛바랬다고 본 군주의 눈에 웬만한 사안들은 모조리 퇴폐적으로 보이는 지경이었다.

심지어 유생들의 복장까지 개입·간섭하려는 군주의 의중에는 반퇴폐적 개혁 항목마저 극히 섬세하게 그려내려는 구상의 과잉도 엿보인다. 1514년 12월 16일, 학교를 진흥시킬 계책을 의논하면서 그는 조강에서 이렇게 말한다.

> 조강에 나아갔다. 영사 정광필이 아뢰기를, "학교가 퇴폐해졌으니 그것을 진작시키는 방법을 강구하지 않을 수가 없는데 다만 무슨 계책을 시행하여 능히 진흥시킬는지를 알지

못하겠습니다." 하니 상이 이르기를, "유생을 법령으로써 다스릴 수는 없다. 내 생각으로는 마땅히 현명한 사장師長을 골라 정하고 또 부형에게 책임을 지워서 집에 있을 때는 부형이 이를 가르치고 학교에 있을 때는 사장이 가르쳐서 권유하고 이끌어 나가게 한다면 저절로 성취될 수가 있을 것이라 여겨진다. 지금의 유생은 다만 행실이 옛날과 같지 않을 뿐만 아니라 의복까지도 역시 예전의 제도를 변경하여 청금靑衿과 단령團領은 입지 않아서 길에 다닐 때는 서인과 다름이 없다. 비록 낱낱이 추문해서 치죄할 수는 없지만 그 부형과 사장을 처벌한다면 선비의 풍습도 또한 변경될 수 있을 것이다." 하였다.[4]

39년간에 걸친 짧지 않은 재위기(1506-1544) 동안 개혁의 실질 효과보다는 정치세력들 간의 지나친 경쟁과 갈등에 휩싸인 군주였지만 구질서의 폐단을 줄이고 비록 실험일망정 새로운 체제를 만들기 위한 정책적 도전을 먼저 의식한 것은 '명분 사회' 조선의 중심을 강화하려는 목적과 통하고 있었다. 퇴폐는 그 목적을 이루기 위한 가장 만만하고 절실한 핑계였던 셈이다. 실록에 등재된 퇴폐의 언급횟수가 왕조 전체를 통 털어 중종 조에 이르러 최고조에 달하는 것도 결국 정권의 이 같은 개혁과잉과 접목시켜 이해할 일이다.

썩고 무너져 내리는 건 새로운 건설과 축조의 까닭이며 그것은 아무나 나서서 착수할 일이 아니라 현존하는 권력과 국가가 우선이어야 할 이유를 이룬다는 점을 군주는 강조한다. 복종 없는 권력이 무의미하듯, 이유 없는 정책도 발의하거나 시행해야 할 아무런 동기가 없었던 셈이다. 왕조 전 기간에 걸쳐 언급·기록한 퇴폐 기사의 3분의 1정도가 중종의 재위기 동안 집중적으로 이루어진다는 사실은 그래서 간단한 일이 아니다.

그러나 개혁은 말처럼 쉽지 않았다. 한사코 바꿔야 한다는 본인의 의지와 주변의 강권強勸은 자칫 현실성을 잃었고 정책 개혁내용의 정도와 시기적 완급 혹은 강도와 방향은 각기 지지하는 정치세력들 사이의 파쟁으로 이어졌다. 오늘의 용어로 바꾸자면 그것은 '개혁피로' 증후군을 낳았고 사화士禍와 무옥誣獄의 누적도 지나쳤다는 비판은 알려진 바와 같다. 반정의 대가가 퇴폐의 언급 과잉이나 온갖 개혁의 정책적 명분 동원만으로 치러내기 힘들었던 권력의 배분과 그 투쟁이었던 점도 주목해야 할 대목이다. 퇴폐를 핑계 삼아 나라의 정결함을 이룩해야 한다며 목청 돋우던 이들 스스로가 안에서부터 쓰러질 채비를 마치고 단어의 의미를 몸소 체현體現하였던 사실은 분명 역사의 모순이었다.

임금으로선 도무지 체통이 서질 않는 일이었다. 새로운 정치질서를 세워 세상을 참신하게 이끌어야 할 미래의 사대부들로 중앙 유생들이 지나치게 해이해져 가고 있음은 예기치 않은 퇴폐였기 때문이다. 개혁의 영令이 서지 않음은 물론 세상을 향한 어떤 설득력도 힘을 잃을 수밖에 없는 일이기도 했던 터였다. 따지고 보면 선대의 폐주가 저지른 일들의 후파後波였지만 곳곳에서 부딪치는 개혁의 장벽과 함께 이는 암담하기 이를 데 없었다.

이와 관련, 신해순은 이렇게 말한다.

> 중종 즉위 이후에 사습이 새로워지고 있다고 하였지만 중앙 유생들의 경우 연산군대의 사화로 학문을 꺼리는 사회분위기가 지속되는 데다 기호지역 사림파의 새로운 정계 진출에 따른 정치참여세력의 증가로 관직획득 경쟁이 높아져 관직 추구열이 더욱 고조되는 속에서 이들의 습속은 성종조 후반기와 같이 바람직하지 않은 모습을 보이게 되었다. 즉 중앙 유생들이 젊은 나이에 학문에 뜻을 두기보다는 빨리 출세하기 위해 문음門蔭을 통해 조급히 음직에 나아가거나 특수 시위군에 입속하기를 좋아하는가 하면, 과거시험을 보는 재주만 익혀 요행히 급제하기를 바라는 행태가 나타났을 뿐만 아니라 사장師長을 경시하는 등의 모습도 드러내게 됨으로써

성균관이나 학당에 나아가서 공부하기를 즐겨하지 않게 되어 관학館學의 교육이 부실해지는 양상까지 보이게 되었던 것이다.[5]

젊은 선비들이 공부를 게을리 하며 집안의 좋은 배경이나 요행僥倖만 바라려들던 기풍은 사습의 폐단치곤 고약했다. 그것은 한번 자리 잡으면 좀체 사라지기 어려운 습속習俗이었다. 가뜩이나 불공정한 사회적 가치순환의 얼개로 신분의 전통을 용인함으로써 지탱할 수 있었던 조선의 국가체제는 가치의 편의적 세습과 그 왜곡된 배분을 통해 얼마든지 질서의 교란이 가능한 상황이었다. 하층 신분의 사회 불만이 숙성될 여지도 그만큼 늘어나고 있었고 이를 해결할 방도 역시 크게 기대할 재간은 없었다.

입으로는 개혁을 외치면서도 세상 바꾸려 덤벼든 자들이 흔쾌히 타락하거나 무너져 가고 있음을 바로잡을 이는 따로 없었다. 그 역할을 자임하는 자들은 거개가 죽거나 사라져야만 했다. 궁극의 책임은 결국 군주 한 사람에게 있었다. 하지만 '그'도 무너져가고 있었다. 무엇보다 말년이 편치 못하였음은 직·간접의 징표였을 것이다. 중종은 특히 45세 때부터 건강이 나빠지기 시작, 연쇄적인 종기의 발병으로 크게 고생한다. 염증에 취약한 그는 침과 고약으로 고름을 터뜨리거나 종기 부위에 거머리를 붙여 피를 빨게 하는 등 애를 쓰지만 순환기 계통의 막힘 등으로 함께 고생하던 중 57세에 사망한다.[6]

죽음이 임박한 임금이 거소를 옮기려 피전避殿을 명하는 대목에 이르면 사관의 붓끝은 한껏 센티멘털해진다. 옮겨갈 창경궁은 하필 반정 당시 연산이 도망쳐 나가던 부끄러운 '곳'이었고 이제 다시 임금이 마지막으로 기거해야 할 그곳 담장일랑은 무너져 내려 군색窘塞하기 이를 데 없었기 때문이다. 역사의 기록은 이 순간에도 퇴폐란 단어를 쉽게 내려놓지 않는다.

> 정원에 전교하였다. "내가 오래도록 병을 앓아 한 곳에 오래 있는 것은 마땅치 않다. 미시未時에 창경궁으로 피전하려 하니 통화문通化門을 열어 아랫사람들이 출입하도록 하라. 또 정원·약방 등은 곧 옮겨와야겠지만 긴급하지 않은 관아는 내일 옮겨와도 된다." 【미시 말에 정원이 창경궁으로 옮겨갔는데 담장은 퇴락하고 창은 모두 찢어져서 행궁과 다를 것이 없었다. 대내大內 또한 훼손되어 모든 일이 군색하다고 했다.】[7]

임금은 닷새 뒤에 숨을 거둔다. 실록은 주상의 죽음에 관해 어느 경우도 정확한 사인을 밝히지 않는다. 척신들의 끊임없는 견제와 정치적 승리를 위해 간단없이 치받는 관료들에게 억눌려 지내야 했던 군주의 울화도 각종 염증과 고질적 종기의 원인이었을 것이다. 세상을 무너뜨리지 않게 하기 위한 정책적 핑계가 최고 권력의 몸을 망치고 끝내 군주마저 허물어버린 역사의 아이러니는 퇴폐의 정치학을 구성한 그야말로 절묘한 자원이었다.

중종처럼 퇴폐를 염려하며 정책 대안을 고민한 임금들을 일컬어 필자는 다시 개혁군주[8]로 부르려 한다. 중종이나 인조처럼 굳이 반정을 통해 등극하지 않았던 군주들이라 해도 평소 강한 개혁의지를 갖고 정책 입안과 실행에 주력했던 경우는 얼마든지 이들 범주에 포함된다. 단어의 언급만으로 당대 권력의 개혁의지를 가늠하거나 정책실천능력 마저 검색하긴 어렵겠으나 이는 적어도 역사적 확인의 단서로 작동할 수 있다는 점에서 유의미하다.

다음 두 그림은 이를 가늠하기 위한 실제 단서로 위의 [표 1]을 그래프로 재구성해본 것이다. 여기서는 '무너지고' '사라지는' 물리행위로서의 퇴폐와 '망가지고' '추락墜落하는' 정신현상으로 거론한 퇴폐 모두를 종합, 역대 정권별 논의들만을 다룬다. 따라서 이들 두 부분이 어떻게 섞여 있는지를 엄밀히 따지자면 별도의 추적이 필요하지만 두 부분을 합치더라도 언급 부피는 그리 두텁지 않다는 점에서 추세의 변화를 주목할 일이다.

[그림 1]과 [그림 2]는 '한글'과 '한자'로 각기 달리 나타나는 '퇴폐'의 언급 편차를 군주 재위기별로 산정 처리한 결과들이다. 특히 국역본과 원본을 모두 합산하였기 때문에 실제 언급 횟수는 이보다 훨씬 적음을 미리 밝혀둔다. 표현의 전체 맥락 속에서 반드시 퇴폐란 단어를 사용하지 않았다 해도 그 의미를 담아 담론의 줄기를 이어나갔던 경우와 두 음절 가운데 어느 한 단어만 거론하거나 언어 구사자의 의도가 '퇴폐'란 명사와 '퇴폐적'이란 형용사 모두를 포괄하는 사례가 여기 포함된다.

'개혁군주'라는 용어 역시 실제적 적합성을 지니려면 군왕의 정치·행정적 의지만으로는 부족하고 정책의 시행과정과 그 결과 백성 각자가 변화의 폭과 깊이 혹은 그 내용까지 절감할만한 근거를 확보해야만 가능할 것이다. 하지만 조선조 전체를 관통하여 이를 확인할만한 집적자료를 구한다는 건 애당초 힘겨운 일인 데다 오늘날처럼 삶의 질 같은 개념 따윈 아예 상정조차 할 수 없는 한, 욕망의 내용과 형식도 객관화하긴 극히 어려울 것이다. 심지어 그때는 퇴폐적이었던 현상도 지금은 전혀 그렇지 않을 수 있고 그 반대의 경우도 얼마든지 추출해낼 수 있다면 왕조사회와 오늘의 문명을 단순 비교하는 것도 무리임은 감안해야 할 한계다.

그럼에도 불구하고 다음 열 명의 군주들은 누구보다 사회적 폐단의 증폭을 견디지 못했고 이를 제거·개선하기 위한 방안을 마련하는 데 주력했던 인물들이다. 비록 정책 구상과 집행이 늘 성공적이거나 결과에 관한 민중의 반응이 만족할만한 것이었는지는 의문이지만 적어도 다음 인물들의 집권기는 조선의 여느 기간들보다 퇴폐의 타파와 그 극복을 위한 사회적 배려에 치중하고 있음을 알 수 있다. 집권기간 동안 퇴폐를 거론한 횟수가 두 가지 판본 모두를 합쳐 40회를 넘긴 경우를 순위별로 체계화하면 그 결과는 [중종 → 선조 → 숙종 → 정조 → 인조 → 명종 → 성종 → 효종 → 광해 → 영조]순으로 위계화된다.

'퇴폐'를 한자 원문으로 제한 검색·추출하더라도 순위는 크게 달라지지 않는다. 이들은 적어도 문제 해결을 위한 관심 표명과 정책적 적극성에서 남다른 섬세함을 지탱했고, 세상의 피폐함이 비단 경제와 물질에서만이 아니라 정신까지 무너뜨리지 않도록 애쓴 인물들로 압축된다. 다음 두 그림 속의 크고 작은 상단上段 꼭짓점들을 이룬 시기의 군주 대부분이 이들이며 다시 하향의 변곡變曲 지점을 이루는 여러 지점에서 세상의 온갖 물질적 폐단과 정신의 해이를 읽을 만한 거시적 단서를 찾을 수 있게 된다.

그래프의 높낮이가 달라지는 사실 그 자체를 단순히 읽을 일은 결코 아니다. 조선은 그만큼 내부 모순에 대처하고 견뎌나갈 정치적 자정自淨의 힘은 물론 피폐해지면 다시 위기를 수습·

극복할만한 탄력성을 지닌 독특한 체제였다. 조선 정치체제와 국가구조의 내적 지구력은 적잖은 탐구 대상이었지만 이를 다시 읽을 만한 좋은 단서가 바로 이 그래프의 몇몇 변곡점에서 드러나기 때문이다. 중종조의 지나친 상승세는 흥미롭지만 이 시기를 제외하고 나면 거의 일정한 상승과 하강이 이어지고 있음이 이를 잘 말해준다.

[그림 1] 실록에 나타난 군주집권기별 '퇴폐' 언급 순위와 편차(한글/국역 · 원본)

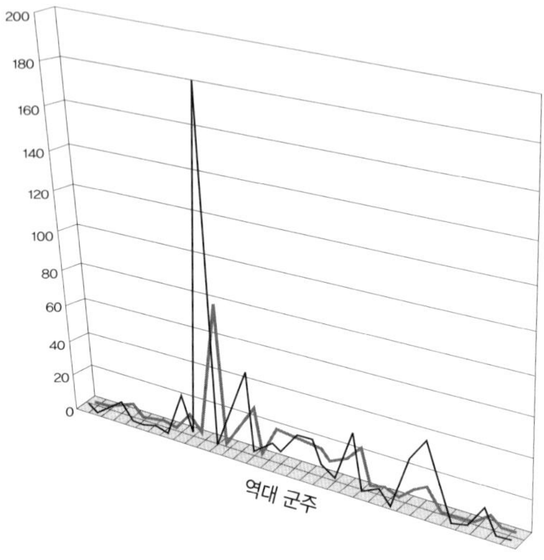

[그림 2] 실록에 나타난 군주집권기별 '퇴폐頹廢' 언급 순위와 편차(한자/국역 · 원본)

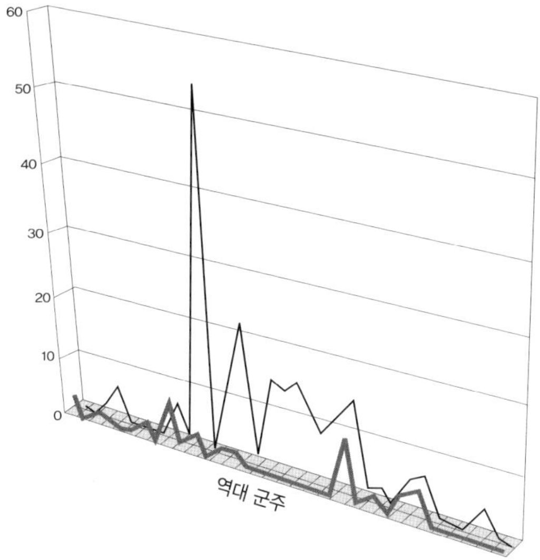

문제는 급격한 사회적 퇴행 기류가 대책 없는 나날을 헤맬 때였다. 언제 다시 상승세를 탈는지 막막한 상황이 계속되던 때 말이다. 게다가 승리의 기약 없는 전쟁이나 느닷없는 외침으로 암담함마저 겹칠 때라면 건물의 '허물어짐'과 인간의 '망가짐' 따위야 보이지도 않는 일이었다. 지지르고 또 저질러도 뉘우치며 나아지려 애쓸 줄 아는 '동물'이 '인간'이었으나 한사코 다시 허물어지는 '것' 또한 사람이었다. 무너지면 이내 쌓아올리는 인간들이었으나 아니나 다를까 정녕코 스러지며 사라지는 것들 또한 사람이 만든 물질계의 실상이었다. 퇴폐는 그런 것이었다. 기氣를 써도 쇠衰하고 애를 써도 사라지는, 거짓처럼 살아나되 이내 썩어갈 채비에 돌입하는.

살아나는 듯 보이는 '그것'이 그러나 예전의 '새 것'은 아니었다. 이겨낸다 한들, 그건 사실상 '늙은 퇴폐'요 '고단한 피폐'였다. 끝없는 자기모순과 하염없는 유혹의 강물을 건너며 스스로 견뎌내야만 했던 퇴폐의 변증법은 궁극적으로 자기 파괴와 절멸의 마지막과도 싸워야 할 상황마저 마주해야 했던 터다. 여기서 고종조의 퇴폐마저 살펴보려 함은 논의의 지나친 도약일 수도 있는 노릇이다. 하지만 유교국가의 역사적 퇴락 국면을 살피지 않고 이야기를 갈무리함은 또 하나의 우매愚昧함일 것이리라.

주목할 것은 고종조까지 이어지는 '퇴폐'의 사회적 용법이다. 달라질 때도 되었으련만, 어김없는 의미의 이중성하며 이를 수용·유통하는 지배세력들의 한결같음에 되레 흥미를 느낄 정도다. 1893년 5월 29일, 의정부는 왕에게 충주의 덕주산성을 복구하자고 아뢴다. 이 대목에서도 퇴폐의 우선적 의미는 '허물어진 것'이었다. 완료형 명사로 퇴폐는 19세기말까지 그 의미의 바탕을 온전히 지탱한 셈이다.

의정부에서 아뢰기를, "독판내무부사督辦內務府事 김성근金聲根이 올린 소사疏辭에 대하여 묘당廟堂에서 품처稟處하게 하라고 명하였습니다. 그 소본疏本을 가져다 보니 호서湖西 충주 지방의 덕주산성德周山城을 옛것을 그대로 수축修築하자고 하였습니다. 험준한 요해지에 성지城池를 설치하면 방어를 더 튼튼히 할 수 있고 위급한 때 의거할 수 있습니다. 삼가《동국문헌비고東國文獻備考》를 상고하여 보니 덕주산성은 남쪽으로 50리 지점에 있었으나 지금은 폐지되었다고 명백히 기록되어 있습니다. 지금 이 중신이 상소를 올려 청한 것은 대개 허물어진 것을 보수하고 수선하여 요새지를 튼튼히 다져 변란에 대비하자는 것이니 실로 나라의 먼 장래를 위한 계책입니다. 도신道臣과 수신帥臣으로 하여금 충분히 잘 토의하고 본도에서 편리한 대로 공사비를 마련해 주고 길일을 택하여 일을 시작하되 튼튼하게 하는 데 힘쓰도록 분부하는 것이 어떻겠습니까?" 하니 윤허하였다.[9]

그것이 어찌 꼭 완료형 품사로만 지탱할 기운이었으랴. 진행형과 미래형 품사로도 '퇴폐'는 얼마든지 자기의 농후한 속성을 떨칠 요량이었다. 나아가 퇴폐는 민중 전체는 물론 조정의 존재감마저 쓰러뜨릴 기운을 비축해가고 있던 터였다. 관료의 탐학과 세제의 모순, 왕실의 퇴락과 민생의 절망, 지식의 종말과 사상의 고갈, 남녀의 차별과 반상의 구분, 근대의 지체와 봉건의 과잉…….

세기가 바뀌어도 흥분과 감동은커녕 새로운 기대와 어우러질만한 권력의 프로그램은 따로 없었다. 나라는 기울고 민중은 무너지건만 모두들 의연함만 찾는 나날이었다. 산성의 밑동과 궁궐의 담장이 허물어지는 퇴폐의 지평은 이제 온 국가의 언저리로까지 퍼지는 중이었다. 그걸 막아낼 총체적 재간은 어디에도 없는 상황 속에서 바라려들던 건 그저 외세의 자발적 철수와 민중의 어김없는 복종뿐이었다. 건드리지도 말 일이며 대들지도 말길 바라는 절대 존치의 주문.

비록 무늬로나마 권력의 지엄함과 왕실의 권위를 이어가고 싶었던 지배세력의 안간힘도 '센티멘털'의 수준을 벗어나고 있었다. 1900년 3월 12일, 의정부의 관리는 상소를 올려 궁궐을 엄숙하게 할 것과 잡세의 징수를 멈춰달라며 상소를 올린다.

> 의정부 의정 윤용선尹容善이 올린 차자의 대략에, "…… 전에 말씀드린 것 중에 몇 조목을 그대로 거듭 말씀드리겠습니다. 삼가 바라건대 성명께서는 특별히 깊이 살펴주소서.

…… 첫째, 궁금宮禁을 엄숙하게 할 것입니다. 궁금의 엄밀함이 과연 어떠합니까? 그런데 근래에 와서 기강이 무너져 공적인 일을 빙자해서 사적인 것을 도모하여 그 폐단이 되는 단서가 많으므로 매우 통탄스러워 차라리 말하고 싶지도 않습니다. 승후관承候官은 본래 내전의 입진入診 위하여 있는 것이며 종친과 외척을 모두 촌수로 제한하고 또한 학식 있고 단정한 선비가 있더라도 비밀리에 장막 안에서 만나지 못하게 된 사람은 특별히 부르는 일이 없으면 감히 나아가 알현할 수 없는 것은 조종조의 옛 규례가 그렇기 때문입니다. 근래에는 애당초 돈녕敦寧의 자격이 없는 조신朝臣들과 사방의 부잡浮雜한 무리들이 연줄을 타고 궁궐에 출입하여도 거의 막지 않으니 기밀을 누설하고 위엄과 은혜를 농락하고 있습니다. 삼가 바라건대, 경서警署의 관리와 액속掖屬들을 엄히 금하고 살펴서 비록 각부各府와 각부各部의 대신大臣, 협판協辦이라도 공적인 일로 부름을 받지 않은 경우에는 함부로 궁궐문에 들어가지 못하도록 하고, 황실의 종친과 외척 중에 승후관으로 임명된 자도 매번 나아가 뵐 때마다 먼저 단자單子를 들여서 들어오라는 명이 있어야 들이는 옛 법을 거듭 밝히소서. 위반하는 자가 있으면 본부本府에서 발각되는 대로 잘못을 경계하겠습니다. 둘째, 잡세를 없애고 관리

를 파견하는 것도 없애는 것입니다. 갑오년(1894) 이후로 기강이 퇴폐하였으나 지금까지 유지된 것은 오직 부역을 가볍게 하고 세금을 적게 받아서 백성들의 생업이 안도된 한 가지일 뿐이었습니다. 근래에 다방면으로 걷어 들이고 명목도 한두 가지가 아니며 사방으로 관리를 파견하여 온갖 침학을 자행하고 있습니다. 삼가 바라건대, 밝은 명을 신속히 내리셔서 모두 폐지하게 하소서. 만약 비용이 모자라서 반드시 이것으로 보충하려고 한다면 차라리 그 권한을 전적으로 탁지부度支部에 주어 탁지부로 하여금 옛 것과 근래의 것을 참작하여 덜 것은 덜고 징수할 것은 징수하게 하여 그 징수한 재물을 마땅히 써야 될 비용에 이획移劃한다면 그래도 그것을 연줄로 하여 협잡하는 폐단을 면할 수 있을 것입니다. 그리고 이른바 독쇄관督刷官, 위원, 파원派員 등 허다한 명목은 한갓 폐단 위에 폐단만 더하게 되니 모두 없애버려 백성들의 마음을 안정시키소서." 하니 비답하기를, "짐이 경에게 의지하는 것이 중하고 기대하는 것이 깊음은 짐의 말을 듣지 않아도 경은 이해할 것이다. 어찌 단지 경을 재촉하여 문의와 물채 간에서 추주하게 하겠는가? 경이 말하기를, '그 사람을 쓰는 것이 그 말을 채용하는 것보다 못합니다.' 라고 하였는데 짐은 사람을 쓰는 것은 그 말을 채용하기 위해서라고 생각한다. 경은 모름지기 힘써 앞으로 나와 마음을 다해 폐단을 바로잡아 짐의 요구에 부응하라. 궁금이 문란한 것은 과연 한탄스럽다. 무릇 종친과 외척, 승후관 및 조신들의 출입하는 규정은 마땅히 궁내부宮內府로 하여금 옛 법을 거듭 밝혀 별도로 절목節目을 만들어 정탈定奪하여 시행하게 하라. 그리고 독쇄관 같은 관리를 없애버리는 것은 실로 더없이 급한 일이다. 백관을 통솔하는 권한이 경에게 있으니 경은 형편을 헤아려 각부와 각부에 단단히 일러서 긴요하지 않고 폐해만 일으키는 자는 일체 소환하여 백성들로 하여금 고통을 받지 않도록 한다면 실로 공으로나 나라로나 다행일 것이다." 하였다.[10]

강기퇴폐綱紀頹廢. 조선은 끝까지 통치의 명분만 움켜쥐고 있었다. 허울과 체통의 고수. 그것은 (조선의) '모두'였으되, '아무것'도 아니었다. 군사력을 앞세운 일본이 식민지를 요구할 정도로 폭력적인 국가 진입을 시도할망정, 민중이 나서 국가를 교란함은 불손不遜이요 비례非禮였던 것이다. 분노한 군중이 반도의 한쪽 지축이나마 요란하게 뒤흔들며 외국군대는 '이 땅에서 나가라'고 외친 봉기가 곧 정치적 퇴폐이자 기강의 극한 해이였다고 본 조선의 지배세력은 여전한 엄숙주의로 스스로를 감싸고 있었다. 그것은 몰락과 패망을 의연히 맞이하려는 자세도 아니고 그것을 막아내지 못한 자신의 무능과 무책임을 인정하려는 진솔한 태도도 아니었다. 단지 복종만이 미덕임을 강조한 권력은 자기 권위를 보전하기 위해서라도 민중의 동요란 기강의 해이이며 곧 퇴폐라고 말할 따름이었다.

그렇다고 국가붕괴 즉, 왕조해체의 궁극적 책임을 퇴폐에 물을 수도 없는 저 아이러니는 무엇으로 어떻게 이해해야 하는 걸까. '붕괴'든 '해체'든, 그것이 결국은 '퇴폐'와 꼭 같은 의미의 지평을 '나눔'에도 불구하고 조선의 패망이 사대부 집권세력의 관례적 축첩이나 그에 따른 성적 문란이었다고 단언할 근거가 약한 까닭은 뭘까. 큰 결과를 부르는 작은 이유? 비과학적 추론과 가설적 인과론의 관계? 조선은 이미 안에서부터 무너지고 있었던게 아닐까, 아니면 밖으로부터 허물어지고 있었던 걸까. 내파內破와 외삽外揷의 동시발생? 혹은 정치적 줄탁동기啐啄同機?

물리적인 국가 '퇴폐'의 원인을 정신적 '퇴폐'에서 찾는 일은 어디까지 가능할까. 그건 간단치 않은 물음일 것이다. 그것도 5세기 이상 지탱한 왕조의 단절과 괴멸의 단서를 어디까지 추궁할 수 있으랴. 중요한 것은 일정 지분의 정치적 책임과 그 사회적 결과가 결코 간단치 않은 비용 지불로 나타난다는 사실이다. 그리고 그 소추訴追를 분명히 하는 것일 터이다. 사법차원의 재단이나 통렬한 가시적 단죄를 기대하기 힘들다 해도 민중을 퇴폐의 항구적 주역으로 몰며 자신들의 천문학적 죄과罪過를 호도하려 들던 권력의 행각들이 곧 역사적 퇴폐의 중요한 단서임은 아무리 강조해도 지나치지 않기 때문이다.

더욱이 그 같은 역사적 무능과 정치적 무책임이 극심한 퇴폐의 연결고리를 낳는 악순환의 지탱에 유념할 일이다. 왕조의 강제 해체가 부른 (의도치 않은) 절망이 다시 형용 불가의 사회적 망연함을 낳는 방식은 물론, 그 문화적 절멸의 일대 파노라마가 얼마나 몹쓸 의식의 후퇴와 주눅으로 이어지는지 지속적으로 천착하는 일이야말로 19세기 조선정치가 남긴 버겁도록 괴로운 선물 가운데 하나일 터다.

왕조의 퇴폐는 어쩌자고 더 혹독한 퇴폐의 그늘을 불러들였던 걸까. 죄라면 고분고분 복종한 죄밖에 없거늘, 폭력을 끌어들일 그 어떤 단서조차 마련하지 않은 역사의 선인善人들이 더없이 가엾고 서글픈 역사의 주연들로 나락에 빠져들던 까닭은 뭐였을까. 온 몸을 떨며 '아니라' 절규한들, 스러지는 왕조를 버텨낼 재간은 어림도 없었음이야말로 기막힌 퇴폐 말고 무엇이었던 걸까. 초가삼간 민초의 시붕도 아니요, 튼실하던 궁궐 토담도 아닌 나라 무너지는 그 일마저 고스란히 바라보아야 했던 전후맥락이란 가혹해도 지나치게 '가혹한 퇴폐'가 아니었을까.

주

1 이에 관해서는 다음 참조할 것. 박종성, 『조선은 법가의 나라였는가 : 죄와 벌의 통치공학』(고양 : 인간사랑, 2007).

2 세종 20(1438)년 무오戊午 2월 22일丙子자 『조선왕조실록』【태백산사고본】 25책 80권 23장 A면 ; 召舍利閣提調安純,成達生等曰 : "此閣乃聖祖所構, 不可頹廢, 肆命改造, 非必侈麗, 欲其牢實. 卿等當盡心措置, 雖經久勿使傾危."

3 성종 1(1470)년 경인庚寅 2월 21일庚午자 『조선왕조실록』【태백산사고본】 1책 3권 11장 B면 ; 禮曹啓 : "諸邑儒生數少, 學舍頹廢, 師,生或有僑寓私第, 觀察使慢不致察, 有違國家興學之意. 儒生, 依舊勿令定額, 學舍頹廢處, 觀察使巡審, 役人吏, 日守, 無弊繕修." 從之.

4 중종 9(1514)년 갑술甲戌 12월 16일甲辰자 『조선왕조실록』【태백산사고본】11책 21권 33장 A면 ; 御朝講. 領事鄭光弼曰 : "學校頹廢. 其振作之方, 不可不講究, 但未知施何策而能作興也." 上曰 : "儒生, 不可以法令治之. 予意以爲, '當擇立賢師長, 又責其父兄, 在家則父兄敎之, 在學則師長敎之, 以勸誘引進, 則庶幾自然成就. 今之爲儒者, 非徒行不如古, 至於衣服, 亦變其舊制, 不著靑衿,團領, 而道路之行, 與庶人無異. 雖不能一一推治, 而罪其父兄,師長, 則士習亦庶幾變矣."

5 신해순, "조선 중종–명종년간 사습士習의 퇴폐에 대한 고찰 : 중앙유생을 중심으로," 성균관대학교부설 인문과학연구소(편), 『인문과학』 제32집(2002), p. 106.

6 그의 건강에 관해서는 다음 참조할 것. 방성혜, 『조선, 종기와 사투를 벌이다 : 조선의 역사를 만든 병·균·약』(서울 : 시대의창, 2012), pp. 59–68.

7 중종 39(1544)년 갑진甲辰 11월 10일乙巳자 『조선왕조실록』【태백산사고본】

53책 105권 24장 B면 ; 傳于政院曰 : "予以久病, 不宜滯在一處, 故未時移避于昌慶宮耳. 開通化門, 以出入下人. 且政院,藥房等, 便當移來, 非緊急之司, 則明日移來亦可."【未時末, 政院移昌慶宮, 墻垣頹廢, 窓戶皆破, 無異行宮. 大內亦破毁, 凡事窘急云.】

8 법가적 사고틀을 견지하면서 죄와 벌의 통치공학으로 유교국가의 정치적 한계를 극복한 조선의 경우에 관해서는 박종성(2007), 앞 책 참조할 것.

9 고종 30(1893)년 계사癸巳 5월 29일庚戌자 『조선왕조실록』【원본】 34책 30권 27장 B면 ; 議政府啓 : "督辦內務府事金聲根疏辭, 令廟堂稟處事, 命下矣. 取見其疏本, 則以爲 : '湖西,忠州地德周山城, 因舊修築'爲辭矣. 險阨要衝之地, 城池制置之擧, 備禦可以增固, 緩急可以有恃. 而謹按東國《文獻備考》, 德周山城在南五十里, 今廢昭然具載矣. 今此重臣之上章陳請, 蓋出於擧頹廢而圖修繕, 重關防而備陰雨, 實是爲國家經遠之謨也. 其令道臣與帥臣, 爛加商確, 自本道從便措劃役費, 涓日經始, 務從鞏固之意, 分付何如?" 允之.

10 고종 37(1900)년 경자庚子 3월 12일陽曆자 『조선왕조실록』【원본】 44책 40권 12장 B면 ; 議政府議政尹容善劄略 : …… 前言中數條, 劃一申說. 伏乞聖明特軫淵鑑. 一, 肅宮禁. 宮禁之嚴密, 果何如? 而挽近綱紀頹弛, 憑公營私, 其弊多端, 痛歎之極, 寧欲無言. 承候官, 本爲內殿入診而有也, 宗戚俱以寸數爲限. 又或有文學端良之士, 密勿幄對者, 非有特召, 則不敢進見, 祖宗朝舊規然也. 近日朝臣之初無敦寧者暨四方浮雜之類, 夤緣出入, 殆無防限, 漏洩幾微, 竊弄威福. 伏望另飭警署官吏及掖屬, 嚴加禁察, 雖府部大臣,協辦, 非右公事承召, 不得擅入閤門. 皇室宗戚中例差承候官者, 每於進見時, 先以單子入鑑, 有命乃入. 申明舊典, 有犯者, 自臣府隨現論警. 一, 停雜稅,革派員. 甲午以後, 綱紀頹廢, 至今維持者, 惟是輕徭,薄斂, 民業安堵一事而已. 挽近徵收多門, 名目不一, 派員四出, 侵虐百端. 伏願亟降明勅, 一竝停罷. 若謂應用窘絀, 必賴此以爲補, 則無寧以其權,

專屬度支, 使之參商久近, 或除,或收, 以其所收之財, 移劃於應用之數, 則猶得免夤緣淆雜之弊. 而所謂督刷官,委員,派員等許多名目, 徒爲弊上添弊, 一竝罷還, 以靖民志焉. 批曰: "朕之於卿, 倚毗之重, 期望之深, 不待朕言, 而卿庶諒會. 奚但責卿趨走於儀文物采之間哉? 卿則曰: '用其身, 莫如用其言', 朕則以爲用其身, 蓋欲用其言. 卿須努力向前, 悉心匡直, 以副朕求焉. 宮禁之蕩然, 果係可歎. 凡宗戚,承候及朝臣出入之規, 當令宮內府, 申明舊典, 另成節目, 定奪施行. 若乃督刷等官之罷還, 寔是莫急之務. 而董率百僚, 卿有是權. 卿其量度形便, 知飭府部, 其無關緊要, 徒滋弊害者, 一概召還, 無使生民受困, 實公國之幸."

Ⅲ. 식민시대의 애수哀愁 :
정치의 좌절과 문화의 침몰

나라 잃은 민중이 마음 둘 곳이란 딱히 없었다. '잃었다'는 부끄러움이나 거기서 솟구치는 울기보다 정녕 견디기 힘든 건 황망함이었을 것이다. 느닷없음 혹은 어처구니없음 같은 것들 말이다. 어쩌다 그 지경이 '되었을까'라는 헛헛함도 앞섰겠으나 이제는 무엇으로 버티며 살아야 할지 스스로 변명할 근거가 희박하였을 것이다. 그것을 무슨 여론조사처럼 공신력 있는 통계로 제시할 가망이야 없지만 강점기는 겪지 말았어야 할 역사의 트라우마요, 온전한 고통이었다.

산다는 '것' 그 자체보다 살아남아야 '한다'는 주문이 새로운 절박함으로 떠오를 때 예의나 염치 따위가 문제되지 않는 역사의 학습도 강점기가 일깨운 교훈 가운데 하나다. 실제로 '겪음'과 훗날 '되돌아봄'이 어찌 꼭 같은 지평에서 이루어질 일이겠는가 마는 회상의 고통도 불편한 기억 못지않은 괴로움이 되는 이치 역시 당대가 던지는 새삼스러움일 것이다. 늘 되살아나는 '어제'가 쉽게 잊고 마는 '오늘'보다 한결 중요해지는 까닭이다.

그렇다면 패망이 부른 자괴自愧나 역사의 단절이 주는 통증보다 '견딤'이 문제였을 것이다. 이 같은 추론은 여러 생각의 단서들을 재촉한다. 흔히들 말하는 '똘레랑스'의 미학까진 떠올리지 않더라도 죽기보다 싫었을 '식민의 시대'에 '왜 사느냐'는 도저한 철학은 '어떻게 버틸 것'인지의 정치학을 대체할 수 없었기 때문이다. 모든 민중이 독립투사나 친일 행각을 일삼는 것도 아니었다면, 당대의 틈새를 들여다볼 렌즈는 따로 마련할 필요가 있었던 게 아닐까. 굳이 일본 눈치 봐가며 자신의 삶의 입지점을 구하려는 비루한 행각도 단념하고 그렇다고 온 목숨 걸어 자신의 모든 걸 조국 광복에 걸려는 용기조차 없는 백성들이 기대러 들던 제3의 길 같은 것.

그러나 그게 무슨 뾰족한 입체감이나 특별한 모습을 지니는 것도 아니었다면 얘기는 간단치 않을 터이다. 물론 그 '길'이 얼마나 넓고 탄탄했는지, 얼마나 많은 이들이 걷고 뛰며 뒤돌아보았는지는 관계없이 말이다. 글의 형식을 취하든, 말의 통로를 거치든 상관없이 근본적인 문제는 강점기 민중들의 정치행태라는 걸 과연 이처럼 칼로 무 베듯 삼등분, 사오등분 할 재간이 우리에게 명쾌히 담보되겠는가 하는 것이다. 노선의 이탈은 말할 것도 없고 변절과 배반을 거듭한 경우마저 모조리 감안한다면 정치행위의 유형화 작업이란 간단치 않기 때문이다.

그럼에도 불구하고 대체적인 행위의 일관성과 결정적 유사성을 바탕으로 삼자면 여기서 유념하려는 '제3의 길'이란 앤서니 기든스가 말하는 (사회민주주의나 신자유주의도 아닌) 무슨 대단한 정치경제학적 대안이나 헌팅턴과 토플러가 지적하는 문명의 충돌 혹은 권력이동 같은 거시 콘셉트도 아니다. 괴로운 식민의 상황과 처연키만 한 자신의 처지를 달래려 하는 수 없이 빠져드는 자발적 함정 같은 것, 또 그런 곳.

1. 왕조의 해체처럼 그 길도 느닷없이 열렸다. 누가 만들었는지 알려지지도 않고 입구와 출구조차 보이질 않아 한층 아득하기만 하던 그런 길이었다.
2. 하지만 한번 접어든 그 길은 터널처럼 어둡고 내딛는 순간마다 아련한 쾌감으로 후회와 부끄러움을 일거에 휘발시켜 버리는 기묘함으로 넘쳐났다.
3. 그 기운은 끝내 유인誘引과 마비, 미혹迷惑과 무기력 같은 예측불가의 힘들과 화학적으로 합성, 빠른 속도로 전염되기 이른다. 길목에 접어든 대가치고 혼돈과 미망迷

妄의 비용도 혹독하였다. 그런다고 벗어날 압제의 사슬도 아니요, 내던져 버릴만한 식민권력도 아니었건만 스스로를 조롱嘲弄하고 무던히도 학대虐待하던 자기부정의 굴레는 어느덧 길 위의 골을 파고 고통의 둔덕마저 제법 높게 돋워 놓았던 터다.

4. 열병처럼 퍼지고 독약처럼 후리던 즉효卽效의 기운들은 그러나 거짓처럼 사라지고 있었다. 그리고 아스라이 잊혀져갔다. 길목 어귀에 걸려있던 '퇴폐'라는 문패도 그렇게 삭아들고 있었다.

강점기 퇴폐가 과연 저항의 한 방편으로 정치적 성격을 지니고 있었는지, 그러니까 그것이 곧 도발의 한 방식이자 그 같은 의식의 발로였는지 헤아릴 과학적 준거도 우리에겐 없다. 그렇세 여길 단서가 농후하다면 그것들을 최대한 모아 안간힘이라도 써볼 일이다. 성급하니 그 물음까지 던지며 애써 답까지 서두르진 말기로 하자. 논의를 끌고 가다 일말의 가망이라도 있을라치면 그때 또 따져 보자.

부인할 길 없는 또렷한 사실 하나. 그건 강점기가 지닌 역사적 퇴폐성과 그 빛나는 '도드라짐'이다. 무슨 얘긴가. 강점기 조선은 가히 퇴폐 논의의 창세기이자 르네상스였다. 내세울 것이 그리도 박약薄弱한가 또 다시 비판 아니면 비난의 화살마저 안으로 겨냥할 수도 있겠으나 이는 어쩌지 못할 사실이다. 역사적 엄연함을 무슨 수로 도리질하며 짐짓 내치거나 지울 일이겠는가.

왜 그랬을까. 의도치 않은 퇴폐의 만개? 우연과 필연의 동시발생? 역사의 막장에서 찾아낸 보물섬? 감각적 몸부림과 문화적 이끌림의 조우? 생각지도 않았던 국가의 강제 소멸은 깨어있던 자들 일부를 의식의 '밑바닥'에서 계몽할 계기로 작동한다. 모든 억압은 가혹하지만 때로 아름다운 까닭이다. 자존의 퇴폐가 감각의 마비와 의식의 최면을 재촉한 세월의 극치는 곧 강점기였던 것이다. 누가 왜 그 같은 삶의 조건을 거시 기획하고 또 조작할 여유마저 부릴 수 있었으랴마는 당대의 퇴폐는 '현상'이자 '상황'이었고 '문화'이자 '출구'였다.

정치적 퇴폐의 극한이 낳은 불구不具의 생명이 다시 퇴폐의 이름으로 소생하는 기연奇緣이 인문학에 의해 본격 추동되는 아이러니는 또 무엇이었을까. 그 가운데서도 문학의 역할은 눈부셨다.[1] 문학이 정치를 압박하고 정치가 문학을 자극하는 그야말로 성황이었다. 그 연장선상에서 보면, 강점기는 문학의 정치화가 최고조에 이르는 폭력의 숙성기로 역설의 의미를 더한다. 모국어를 잃고 의식은 억눌린 채 살아있는 거라곤 감각의 파편들과 그들이 이리저리 조합하여 일궈내는 혼魂의 너울들이었다. 그 속에서 퇴폐를 위악이라 폄하할 재주도 우리에겐 기대하기 힘들었다. 설령 일부러 부려보는 호기였다 해도 바닥까지 내려가 보는 수밖에 달리 도모할 방도가 없었음은 그것만으로 온전한 비극이었다.

세상의 모든 억압이 그러하듯, 조선의 억눌림도 인간을 병들게 한다. 의도했든 그렇지 않았든, 퇴폐의 창세기가 제 몸 눕힐 르네상스마저 재촉해대는 동안 '비루'와 '용렬'로 일그러진 자화상을 되비치기 싫은 여린 인간들의 도피처는 아무리 숨기며 꾸미려들어도 초라하기만 했다. 밤새워 마시는 술도, 보슬비 맞아가며 감기 걸리듯 자학이란 걸 해대도 어림은 없고 구하기 힘든 신기루의 티켓도 가망이 없었다. 하여, 잠시라도 아주 잠시라도 스스로 가라앉아 세상 등질 감각의 쪽방이나마 만들다 부수다 제각기 홀로 그리 지낼 따름이었다.

숨어서 쓰는 모국어와 하필 논조의 주류라는 것들이 하염없이 무기력하며 의식의 바닥을 치는 것들이었고 보면, 그건 자위의 방편치고 차라리 소박하였을 것이다. 평론과 함께 특히 시를 주조로 삼는 강점기 퇴폐의 인문학은 그러나 억압과 암울의 벼랑 끝에서 더욱 찬연히 빛나고 있었다. 대체 왜 삶의 풍요와 상황의 윤기潤氣는 인문학, 특히 문학의 기름진 토양을 보장하지 않았던 걸까. 어쩌자고 배부르면 글이 안 되고 삶은 척박해져야만 감정의 촉수들이 비로소 세상 향해 열리고 도발과 항변의 문자향 마저 드날릴 채비로 미리 몸살을 앓게 했던 것일까.

서인식은 "애수와 퇴폐의 미"에서 강점기 삶의 단면을 극적으로 축약한다. 되돌리지 못할 괴로움의 잔잔한 원인이 애수라면, 그나마 퇴폐는 고통을 치유할 최소한의 방편이며 그렇게라도 달래고 문질러야 잠시 사라질 감각의 아련함 같은 것으로 둘의 관계를 이해한다. 여기서 '단면'(이라는 필자의 표현)은 당대를 담아낼 '비유의 방편'일 뿐이며 모두가 어쩌지 못하였던 갑갑한 삶을 간헐적으로 관조할 임의적 도구다.

그의 설파說破가 지니는 힘은 '퇴폐'의 의미를 풀어나가는 방식보다 이를 끌어내려는 인식의 함정으로 '애수'의 등을 애써 떼밀 때 한층 돋보인다. 그에게 애수는 한때 화려하고 번창했지만 이제는 갈 수도, 만질 수도 없게 된 상황을 절감하는 순간 터져나는 통증 '같은 것'이다.

> 哀愁애수의 美學미학부터 말한다면 이것은 「임의 지내간 그 무엇」「임의 잃어버린 그 무엇」에 대한 回顧意識회고의식을 根底근저로하고 이러나는 法법이다. 지난날에 갖고 있다가 잃어버린 것에 대한 마음의 傷痕상흔이란 밤송이같이 時日시일이 經過경과하면 차츰 우리의 靈魂영혼을 날카롭게 찌르던 銳利

예리한 棘皮극피를 벗게 된다. 이리하여 우리들의 精神정신이 그 마음의 傷處상처에 대해서 어느 程度정도의 自由자유를 얻게 되면 過去과거의 回想회상은 우리의 情意정의의 世界세계에 감치한 哀愁애수의 情緒정서를 喚起환기한다. 「自己자기에게도 한번은 그러한 時節시절이 있었었다」. 「自己자기도 한번은 그러한 것을 차지한 일이 있었다」. 이리하여 喪失상실한 옛 것에의 追憶추억에 잠길 때에 過去과거는 幻影환영과 같이 또다시 現在현재로 돌아온다. 追憶추억만은 永遠영원히 나의 것이다. 地上지상의 그 어떠한 權力권력이라도 우리의 情意정의의 世界세계에 떠오르는 옛 것에의 追憶추억만은 빼앗을 수 없다. 그러나 幻影환영은 끝끝내 幻影환영에 지내지 안는다. 過去과거는 充全충전한 意味의미에 있어서 現在현재가 아니다. 그러므로 哀愁애수의 感情감정에는 歡喜환희와 悲哀비애가 特異특이한 形式형식으로 混合혼합되는 法법이다. 自己자기만이 가질 수 있는 追憶추억에 대한 歡喜환희와 그 追憶추억이 결국 하나의 幻影환영에 不過불과한데서 울어나는 悲哀비애 — 이두낫의 矛盾모순되는 感情감정이 特異특이하게 結合결합한 것이 哀愁애수의 情성이다. 이리하여 美心理學上미심리학상에서는 '哀愁애수'를 '憧憬동경'과 함께 그 方向방향을 달리하는 所謂소위 '混合感情혼합감정'의 一種일종으로 본다.[2]

제아무리 정치색을 빼내려 애쓰더라도 여기서 그 가능성이 묽어지는 건 이 같은 규정방식 때문이다. 한때 화려하였으나 이제는 누릴 수 없는 것, 아니 가질 수도 품을 수도 없는 것. 그건 '모든 과거가 다 그렇다'는 논리의 비약이나 강제적 보편화가 아니다. 그보다는 가장 빛나던 과거를 고즈넉이 회상하는 오늘의 모든 무기력과 답답함을 '애잔함'으로 설명하는 그의 방법론적 매력 때문일 터다. 일찍이 '애수'라는 콘셉트를 이런 평이한 모국어로 녹여낸 이는 없었으니까.

많지도 않았고 딱히 꼬집어 말한 이들도 드문 이 땅에서 애수가 퇴폐의 씨앗이라니. 아무튼 세상 누군가의 어느 사연인 듯싶으나 그게 어느덧 당대의 나랏일이자 역사의 곡절로 새삼스러워 진다면 얘긴 이미 정치화한 다음일 것이다. 이미 무너진 왕조와 유교국가의 기억, 찬연한 추억과 잊지 못할 자부의 궤적들, 복종이 미덕이며 자발적 수용이 운명이었던 또렷한 과거, 다시 못 올 봉건의 세월과 이제는 잊어야 할 신분의 조화, 허무의 극복 불능과 운명적 추종의 현실적 격차.

> 哀愁애수가 喪失상실한 것에 대한 回顧意識회고의식에서 出發출발하는 것이라면 頹廢퇴폐는 人間인간의 모든 否定的부정적인 象面상면에 대한 肯定意識긍정의식에서 出發출발하는 것이다.

善선보담도 惡악 眞진보담도 僞위 美미보담도 醜추 生생보담도 死사 健全건전한 것 보담도 不健全불건전한 것 成長성장하는 것 보담도 衰滅쇠멸하여 가는 것의 價値가치를 肯定긍정하고 高調고조하는데서 頹廢感情퇴폐감정이 싹튼다. 그러므로 頹廢퇴폐는 그 自體자체만을 뜨더놓고 볼 때에는 其實기실은 아름다운 것이 아니고 醜추한 것이다. 頹廢폐허가 그 極限극한에 到達도달하면 우리는 嘔吐感구토감까지 느끼게 된다. 함에도 不拘불구하고 頹廢퇴폐가 우리의 美的觀照미적관조의 對象대상이 될 수 있는 것은 人間인간의 否定的부정적인 價値가치에대한 肯定긍정이 其實기실은 肯定的긍정적인 價値가치에 대한 追求추구와 渴望갈망에 一種일종의 「아이로니」로서의 意味의미를 지니고 있는 境遇경우이다. 善선과 眞진을 追究추구하고 健康건강과 明朗명랑을 渴望갈망하는 心情심정이 불붓듯이 타오름에 不拘불구하고 萎少위소한 客觀的現實객관적현실이나 虛弱허약한 제 自身자신의 性格성격이 그 아름다운 念願염원의 實現실현을 拒否거부할 때에는 우리의 絶望的절망적인 心情심정은 世間세간과 自身자신에 대한 「화푸리로」 變변하지 않을 수 없다. 그리고 그 自虐的가하저인 感情감정이 어느 程度정도에 到達도달하면 善선과 眞진을 追究추구하는 心情심정은 도로혀 惡악과 僞위와 醜추에 대한 捨身的사신적인 讚美찬미와 隨喜수희로 轉化전화하는 法법이다. 따라서 頹廢意識퇴폐의식에는 苛責가책과 悔恨회한 自己嘲笑자기조소와 自己反撥等자기반발등 가지가지의 精神的苦惱정신적고뇌를 隨伴수반하게 되며 이와 같은 自己分裂자기분열의 意識의식이 一定일정한 程度정도를 넘어서게 되면 憂鬱우울과 痛恨통한의 情정이 「悽慘처참」이니 「戰慄전율」이니하는 所謂소위 高度고도의 悲壯美비장미까지 띄게 된다. 「藝術예술의 天空천공에 類유를 絕절한 悽慘처참의 빛을 만들어내고 하나의 새로운 戰慄전율을 創成창성하였다」는 前世紀전세기의 뽀-드렐의 골수에 사뭇치는 「悔恨회한」의 노래는 말 그대로 神신을 버리지 않을 수 없으면서도 또한 神신을 思慕사모하지 않고는 살 수 없는 人間인간의 悲壯비장한 精神的苦惱정신적고뇌의 表現표현이다. 그러므로 精神的苦惱정신적고뇌를 隨伴수반하지안은 「悲壯비장」이 없는 거와 같이 「悲壯비장」에까지 高揚되지안는 頹廢퇴폐는 우리의 魅力매력을 끄으는 美的對象미적대상이 될 수 없다. 다시 말하면 悲壯비장의 感情감정을 자아낼 수 없는 單純단순한 頹廢퇴폐는 아름다운 것이 될 수 없다. 頹廢퇴폐도 思慕사모와 反撥반발 快感쾌감과 不快불쾌가 特異특이하게 結合결합한 混合感情혼합감정이다.[3]

게다가 굳이 문자로까지 '식민'의 설움을 되뇌지 않더라도 애수는 강토를 뒤덮고 산하를 메울 지경이었다. 안 그래도 슬픈 처지에 어디 '슬픔'이라 땀땀이 떠 불특정 다수의 등 뒤에다 낙인처럼 찍어댈 까닭이 따로 있었으랴만 울기와 분노로 넘쳐나는 집단 자아의 빈터는 기실 '퇴폐'라는 처방 정도로 달래고 말 막장도 아니었다.

정리하건대, 애수와 퇴폐를 둘러싼 그의 '관계론'은 명쾌한 과학이나 엄정한 인과론에 기대지 않는다. 정서의 농후와 감각의 범람에 따른 자연적 울림 혹은 말초의 일렁임도 어쩌지 못할 지경이다. 개념적으로 애수는 상실한 것에 대한 회고 의식에서 출발하고 있고 '기쁨'과 '애잔'이란 모순된 속성도 함께 지닌다. 현대적 의미로 보면 애수란 오늘의 시기적 특성이 빚어낸 안타까운 정조貞操일 수 있지만 지나간 '것'에 대한 절절한 사랑마저 아우른다는 점에서 봉건 의식과도 맞닿는다.

그러나 '퇴폐'는 삶의 온갖 부정적 측면에 대한 긍정에서 출발한다. 모든 것을 있는 그대로 받아들이거나 용서해 버리려는 퇴폐는 그 자체로 추한 것이라 그는 본다. 게다가 서인식은 퇴폐가 일정한 과정을 거쳐야만 미적 대상이 된다고 이해한다. 이는 일종의 아이러니로 정신적 '갈망'과 현실적 '절망' 사이에서 일렁이는 정신적 고뇌를 수반하며 이 '고뇌'가 비장미를 띠게 될 때 '퇴폐'는 비로소 아름다워진다는 것이다.

그는 '애수'와 '퇴폐'가 당대의 정신세계에서 서로 연결되어 있다고 본다. 애수는 잃어버린 '것'에 대한 지향이지만 당대의 풍토에선 대다수가 그 대상조차 갖고 있지 않았기 때문에 허무와 공포를 느끼는 건 당연했고 그 같은 징후는 이어 퇴폐로 나아갔다는 것이다.[4]

> 가저보지 못한 것에 대한 念願염원이란 「에로쓰」와 憧憬동경의 感情감정이다. …… 現代현대에 投託투탁할 곳을 갖지 못한 그들에게 갈 곳이 있다면 그 하나는 頹廢퇴폐의 길이다. 그들은 카인의 末裔말예가 되지 않을 수 없다. 設使설사 문허저 간 傳統전통이나 잃어버린 精神정신의 世界세계라 하더라도 그것이 우리의 回想회상의 對象대상이 될 수있고 內面的生活내면적생활의 支柱지주가 될 수 있는 限한 그것은 어느 意味의미에서는 우리의 자랑이고 寶物보물이다. 그것은 依然의연히 우리의 行路행로에 있어서 十字星십자성의 役割역할을 할 수 있다. 그러므로 그것을 回想회상하는 哀愁애수의 情정이란 고치한 듯하면서도 其實기실은 甘美감미한 것이다. 哀愁애수란 情意정의의 바다의 表面표면에 일어나는 漣波연파나 微風미풍과 같은 것이다. 그것은 人間인간의 感情감정을 그 根底근저로부터 飜覆번복하고 攪亂교란하는 것이 아니다. 그러나 그러한 特定특정

한 對象대상 卽즉 자랑과 寶物보물을 갖지 못한 人間인간 얻을 것은 姑捨고사하고 잃어버릴 것 조차 없는 人間인간 現在현재는 勿論물론이고 過去과거에도 投託투탁할 곳을 갖지 못한 人間인간은 自己자기의 生活생활에 대해서 倦怠권태와 滅裂멸렬 더 나아가서는 虛無허무와 恐怖공포를 느끼지 않을 수 없다. 虛無허무와 不安불안의 昻進앙진은 頹廢的感情퇴폐적감정의 길을 열게 된다. 哀愁애수가 情意정의의 表面표면을 스치는 甘美감미한 漣波연파라면 苛責가책 痛恨等頹廢통한등퇴폐에 隨伴수반하는 一聯일련의 感情감정은 情意정의의 深部심부를 蕩亂탕란하는 고치한 狂瀾광란이다.[5]

퇴폐에 탐닉할 까닭으로 애수의 사연이라도 지닌 인간이라면 그조차 갖지 않은 이늘보다 한참이나 행복하였을 터다. 게다가 갈 데까지 가보고 비장미 넘치는 자기 사연의 무게에 철갑 같은 곤고困苦함이나 무진無盡의 버거움마저 견뎌야 할 인사였다면 아무 것도 가져보지 못한 위인에 비해 얼마나 인간적이었으랴. 원문 내용 그대로를 하염없이 천착해본들, 그러나 어디서도 강점기 조선정치의 참담함이나 그에 따른 분노 혹은 과거의 상실과 회고를 한줄 조차 노래하지 않는 그였다.

그럼에도 불구하고 반도의 곳곳이, 거기다 사계四季의 여운마저 그가 말하려는 애수로 물들고 그 소극적 극복의 방편으로 퇴폐의 출구 또한 조선을 채운 까닭은 또 뭐였을까. 그러고도 이들 둘의 관계나 그 외피의 본색이 정치적 성격으로 넘쳐나는 이유를 외면해야 하는 걸까. 잃어버린 조국을 찾기 위해 비록 아무것도 하지 못할 후예後裔였다 할망정, 온 민족이 합쳐 성공적인 사회혁명을 끌어내지 못한 무능과 무책임의 대가란 누군가 이 같은 속내 끌어안고 홀로 무던히도 괴로워하며 견뎌내야만 했던 정치적 '부끄러움'이었을 것이다.

예전의 문자 그대로 무너지고 고스란히 사라질지頹廢 누구도 알 수 없어 더 두렵고 수치스러우며 어디 숨어들 곳이라도 튼실하다면 들어 앉을 심사였다. 무언가 한사코 해야 함을 알면서도 기실 아무 것도 할 수 없어 한결 괴롭기만 하였던 것이다. 애수를 느낀다고 반드시 퇴폐로 빠져듦이 공식公式이 아니었듯, (서인식의 말대로) 퇴폐란 무언가 가져보지 못했거나 잃어버린 무언가가 많든지 커야만 절감할 삶의 조건도 아니었다. 즉, 애수를 거치지 않고도 삶의 맹목적 긍정과 현실적 추수追隨는 얼마든지 가능했다.

서인식이 강점기 당대의 대표적 퇴폐주의자로 이상(1910.9.23-1937.4.17)을 꼽는 건 눈에 띈다.[6] 그는 「날개」의 퇴폐성을 높이 사지만 여기서 정작 이상을 눈여겨보아야 할 대목은 생몰生歿 연대기에 드러나는 철저한 강점기성强占期性이다. 이상은 서인식 류의 '애수'에 목을 놓거나 뒤돌아볼 이유가 아예 희박하였다. 널리 알려진 대로 그는 강점의 여명기에 태어나 식민의 망령이 극을 달릴 때 서둘러 떠난 인물이다.[7] 그러니 모국의 전신으로 왕조의 몰락을 애절해 할 까닭도, 일본의 패망과 국제적 위축을 염려할 적절한 이유마저 지니지 않는다. 그런 그가 조선 문학사에서 홀연히 퇴폐를 절창絶唱하였다?

때문에 숱한 이들이 천착하는 작가의 문학사적 성격보다 중요한 건 그의 퇴폐가 애수의 즉발적 처방이나 본원적 결과물이 아니란 점이다. 그것도 늘 말이다. 그건 차라리 본능일 것이다. 마구 무너져 내리다 흔적도 없이 사라져 버리고픈 절체절명의 기운 같은 것. 누군가 쥐고 있다 놓아버리는 게 자기 목숨이라면 이세는 그냥 놓으라고, 놓아달라며 천연스레 애걸이라노 하게 만드는 절묘한 기운이었을는지도 모른다. 이상의 퇴폐가 서인식의 '것'과 어찌 다른지 그 차이를 캐려함은 그래서 우선의 과업이 되지 않는다. 그것은 정작 강점기 조선의 삶을 견뎌내야 한다는 주문 다음의 일이었을 터다.

서인식도 무너지고 있었다. 식민지 지식인으로 한때 탐닉하던 마르크스로부터 등을 돌렸음이야 왜 아니 '퇴폐적'이었을까. 한 인간의 사상적 전향[8]은 한 인간의 종교적 입문마냥 단어 몇

마디로 규정할 간단한 문제는 결코 아닐 것이다. 하지만 그가 괴로워하던 문제의 핵심이 피 끓는 사회혁명에 의한 견결堅決한 독립이나 절대광복絶對光復이 아니었다는 것도 의외다. 대신, 중일전쟁이후 전세의 역전을 버거워한 일본이 내놓은 동아협동체론의 정치적 파트너십으로 조선의 대등한 위상과 경쟁적 역량강화로 초점이 모아지고 있음은 예외다.

만일 일본의 열세가 몇 년 후 제국의 패망으로 연결됨을 알고 난 이후였더라도 사상적 변화의 궤적은 같은 길을 달렸을까. 이처럼 짓궂은 의문이 드는 것도 무리는 아니다. 하지만 일본은 물론 조선마저 동·서양 모두가 구속되어 있는 자본주의를 극복해야만 이 고민을 해결할 것[9]이라는 점에 이르면 사상적 먹먹함은 극에 달한다. 그는 정녕 마르크스를 버리면서 마르크스를 뛰어 넘을 자기 재간才幹을 찾았던 걸까.

이혜진은 이렇게 말한다.

> 중일전쟁 이후 현실적인 아시아 민족의 문제와 대면하게 된 고노에近衛 내각이 '동아신질서'를 구상하고 있을 때, 일본국민으로 간주되었던 서인식은 당시 조선의 시대정신을 '애수와 퇴폐의 미'로 정의하였다. 그것은 구체적으로 무너진 조선의 전통과 잃어버린 마르크스주의 사상으로 상정된다. 서

인식이 지성에 의한 문화의 구원을 외치고 '근대의 초극'을 위해서는 자본주의 문제의 해결이 선결과제라고 주장한 점은 쇼와昭和 전기의 일본 혁신좌파들의 그것과 동궤에 있지만 그것을 '동양문화'로 전유할 때는 동양의 각 민족과 계층의 문제까지 파고들면서 전망의식을 획득하려고 했다는 점에서 주체적 운용을 모색했다고 할 수 있다. 서인식이 제시한 중심 없는 세계 혹은 다중심의 세계란 궁극적으로 식민지와 제국주의의 위치 및 관계에 대한 암중모색이었다. 여기서 중요한 것은 그가 역점을 둔 것이 종속과 지배의 관계가 아니라 중심과 중심의 관계, 즉 근본적으로 대립하는 절대자와 절대자의 관계였다는 점에서 중심을 만들어내는 제국주의의 존재 방식을 의식하고 있었다는 점이다. 그러나 중심이 없는 세계 또는 다중심의 세계란 오히려 혼돈의 세계이다. 그것은 각자 저마다 자기 완결적인 보편성의 연계로 나타날 것이기 때문이다. 즉, 서인식은 지배와 종속이라는 갈등의 동학을 강조하는 대신 모든 사회가 잠재적으로는 자신을 합리화할 수 있다는 것을 보여주려고 했던 것이다. 따라서 일본의 '세계사의 철학'이 구상한 '동양사'가 현실적으로 실현된다 하더라도 서인식에게 그것은 '감옥의 유토피아'에 지나지 않는 것이었다. 그가 '모처럼의 용맹심'을 발휘하며 대

담하게 의견을 개진하면서도 결국 소극적인 필치로 끝을 맺는 그의 글들이 이 점을 잘 보여준다.[10]

이렇게라도 성사된 동아시아 협동체였다면 서인식의 정치적 거점은 튼실했을까. 색깔과 무늬를 달리한 일본의 음모가 의뭉스런 문법과 설득의 틀을 가다듬진 못했다손 쳐도 대동아공영권은 패배를 예견하지 못한 제국의 마지막 방호벽이었다. 자위의 방편치곤 낭만적이었지만, 동아시아의 공동 번영을 앞세워 제국의 지배력을 확장·강화하려는 저들의 의도 앞에 그의 논리는 적어도 정치적 대등성을 표출하는 적극적 의미로 해석될 수 있었다. 그것이 용납되는 한, 식민 말기 국면이 딛고선 모국의 사상 지평일랑 그저 외롭지만은 않았으리라.

자발적 근대화를 견인하거나 독립의 구조적 동력까진 끌어내지 못하였으되, 그나마 검열의 폭력을 견뎌내는 서인식의 용감함은 이미 무너져 내린 식민지 지식인의 자존심을 늦게라도 곧추세우는 또 하나의 쐐기로 작동한다. 이 같은 해석의 적극성을 유보하고 싶은 자 혹여 있다면 그는 누구요, 또 무엇으로 작가를 풀이하려나. '모처럼의 용감함'을 누를 대안의 형용사와 평가의 또 다른 지평이 열린다 하여도 그건 정녕 당대 현실에 무력한 작가 자신에 대한 비장미 어린 '화풀이'가 아닐까. '퇴폐'라고 부를 단어라도 있어 행복의 마지막 패러독스를 누리고 여린 감각의 상처 나마 치유할 가망이 농후했다면 마스터베이션도 생존의 괜찮은 방편은 아니었을까.

한민족 모두가 놀랄 사상의 스파크spark였다 해도 그게 레닌이나 모택동을 뒤흔든 '촛불' 혹은 '변방의 불꽃'이 될 순 없었다.[11] 퇴폐의 문약함이나 행여 자기모멸적인 부정의 기운을 부셔버리고 내쳐 새로운 감동과 흥분의 자양분이 마련되길 그에게 기대했다면 그건 너무 과한 것일까.

차승기와 정종현은 다음과 같이 압축한다.

> 서인식은 중일전쟁기 제국의 헤게모니 담론장 위에 서 있었기 때문에 그 담론장의 규칙과 술어로부터 자유로울 수 없었다. 그러니 그의 목소리는 제국의 헤게모니 담론이 상충되고 모순되는 지점에서 발화發火되고 있었던 것으로 보인다. 중일전쟁의 특정 국면에서 반근대 담론 및 동아신질서 구상이 만들어낸 헤게모니 담론장은 그 자체 모순을 내포하고 있었다. 그것은 한편으로는 전쟁의 본질을 은폐하고 식민지 및 피침략국 민중들의 자발적 동의를 이끌어내는 이데올로기로서 기능했지만, 다른 한편으로는 지배하거나 동일화할 수 없는 타자와의 공존을 꾀하는 유토피아적 비전을 함축하

고 있었던 것도 사실이다. 식민지 지식인으로서 서인식이 개입하고 발화했던 장소는 아마도 이 이데올로기와 유토피아 사이의 간극일 것이다.[12]

어두운 대지에 스스로 태워 일으킨 불꽃은 가상하였다. 하지만 바람은 혹독했고 모국의 내면풍경도 엄혹하였다. 게다가 축제는커녕, 일순간의 향연조차 보여주지 못한 채 '절필'과 '월북'으로 이어지는 일련의 잠행은 또 다른 탐구 대상으로 남는다. 그날 이후 서인식의 '묵언'은 무엇이었는지 상상과 유추만으로 대신한다는 점에서 우리는 작가의 또 다른 퇴폐를 본다. 더는 알지 못할 그의 뒷모습만으로 미루어 말이다.

그럼에도 불구하고 남는 문제는 따로 있다. 식민지 지식인들의 행적과 사상마저 택일적 노선의 어느 하나로 묶는 가혹한 관행 앞에서 서인식의 잠행과 침묵은 어떻게 이해해야 할까. 유독 의리와 순결을 내세워 이를 정의의 대체 개념인 양 선호하는 이 땅의 습속에서 그를 향해 진보니 보수니 정치적 색채를 따져 묻기란 어울리지 않을 터이다. 다만 '협력'과 '저항'이라는 이항대립 속에서 그가 버티며 견딜 중간지대는 의외로 협소할뿐더러 이른바 중도의 온건노선이란 것도 따로 마련할 회색灰色 지대가 만만치 않다.

'협력' 아니면 '저항'으로 강점기를 버텨야 했던 생존의 '자장磁場만들기' 보다 되레 그 터널을 빠져나온 후의 평가로 '돌팔매'나 '훈장'을 의식할라치면 얘긴 더욱 간단치 않다. 견디려면 협력해야 했던 과거를 모조리 맹목의 친일로 몰아붙인다면 그들 대부분 억울해지는 이치야 재론의 여지가 없다. 저항의 흔적이 또렷했다 치더라도 훗날 상식과 추억에 걸 맞는 축포로 그들 모두를 기릴 형편이 되지 못함도 물론이다. 어디 그들의 온전한 행적만으로 오늘 우리의 자유와 독립이 꼴을 갖추었던 것인지 되묻고 따질 여력은 넘쳐나니 말이다. 모든 협력이 독이 아니며 저항의 맥 또한 모조리 약일 수만은 없던 틈새에서 강점기의 삶은 상당한 판단유보의 대상으로 남는다.

그가 발휘한 '모처럼의 용기'는 그렇다면 작정作定한 협력이었는가, 아니면 형식을 달리한 저항이었을까. 유난히도 좁은 저신의 중간지대에서 도모한 그만의 몸부림이었다는 평가는 언제까지 어떻게 가능한 걸까.[13] 협력적 저항? 저항적 협력? 퇴폐는 이 같은 언어의 조합을 더 이상 용납할 수 없는 절박한 시점에서도 늘 당당하며 여유로운 자기만의 빈터를 뽐낼 수 있는 것일까.

괴롭고 버거운 신세를 제 나라 없이 버티며 지켜야 한다는 사실이 한결 힘들었던 건 식민의 세월이 기약 없어서였다. 언제 물러갈 저들인지 아예 궁금함 조차 가질 계제階梯가 아니었던 건 그렇다 쳐도, 몰락은커녕 욱일승천하는 나날이 천년만년 갈 듯 찬연히 빛날 때 말 못할 고통은 이미 견딜 한계를 넘어선 다음이었다. 하여, 시와 소설을 바탕으로 삼는 문학의 본진本陣이 이 같은 암연黯然함에 고스란히 주눅 들고 끓어오르는 울기 누르지 못하여 퇴폐의 그늘을 자처하며 나섰던 건 또 다른 눈길의 대상이 된다. 그건 서인식의 산문과 또 다른 속내를 드러내는 일이었기 때문이다.

그러나 강점기 문학이 퇴폐와 관계 맺는 일련의 방식에 주목할 까닭은 따로 있다. 그것은 크게 두 가지로 나눠볼 수 있을 것이다. 우선 고려해야 할 점은 강점기 문학이 채택한 퇴폐가 조선 사회 내부에서 자생적으로 발생·숙성한 문화인지, 그 여부에 관한 의문 해소다. 이른바 퇴폐의 점진적 내재(발전)론 혹은 문학사상적 외삽外揷을 둘러싼 논쟁의 개연성을 따져보는 일이다. 현재로선 그 내재적 숙성의 충분한 근거를 찾기보다 19세기 유럽에서 발생한 데카당스의 문화적 인입引入에 방점을 찍는 추세이고 보면 퇴폐의 자생성은 유약幼弱하다고 봄이 우선일 터다.

다만 그 전이 과정과 유입·확장의 추이가 맹목적이었는지 아니면 신실한 내면 고민과 의식적 여과가 동반되었던 것인지 동시에 따져보는 일이 더 중요할 것이다. 그리하여 퇴폐가 정녕 식민지 조선의 후발문화로 자리잡을만한 문화적 친화력을 충분히 담보했던 것인지도 아울러 살필 일이다. 이는 이미 적잖이 되풀이한 문학사의 탐구주제로 모더니즘이란 이름의 문학적 근대화가 결코 정치와 문화의 대안이 될 수 없던 과거를 돌이켜보면 더욱 농후해지는 물음 가운데 하나다.

이와 관련하여 제기할 수 있는 물음이 다음의 것이리라. 강점기의 퇴폐는 문학의 입을 빌린 정치적 항의와 도발의 핑계였던 걸까, 아닐까. 그것이 설령 서인식 류의 정치사회적 화풀이의 한 방편이었다 하더라도 혁명 없는 시대의 위악적 저항과 반어법적 시비의 한 도구로 퇴폐란 꽤 괜찮은 빌미로 활용된 건 아니었을까. 문제는 이들 두 물음에 관한 명쾌한 답과 그것을 끌어낼 과학적 추리의 단서가 상당히 약하다는 사실이다.

그럼에도 불구하고 데카당스의 유럽적 발흥과 그 숙성 과정에 주목할 때 첫 번째 문제의 답은 어느 정도 해소 근거를 찾는다. 비록 저들의 '처음'과 우리의 '그것'이 어느 정도 시간적 편차를 갖는 건 사실이지만 수입품으로서의 퇴폐가 뜨겁게 유행하는 동안 감각과 문화의 한 흐름으로 못내 애면글면하던 시절도 떨쳐낼 수 없었던 건 분명하다. 널리 알려진 대로 퇴폐의 지정학은 프랑스를 발원지로 삼는다. 전혀 의도치 않았던 보불전쟁 그 자체보다 쓰라린 패배야말로 프랑스로선 견디기 어려웠고 때마침 다가오는 세기말 분위기와 합쳐지고 있었던 퇴폐 무드는 힘든 시절을 견뎌야 할 사람들의 기묘한 심리상태와 섞이게 된다.

때맞춰 영국의 문학도 프랑스와 궤를 같이 나누자 퇴폐는 거부하지 못할 시대의 이데올로기로 정착한다. 병적인 감수성과 탐미적 경향은 물론 전통을 부정하며 비도덕성마저 가치 중심에 올려놓으려는 기괴奇怪한 흐름으로 자리 잡는다. 특히 전쟁의 패배가 불러온 형용할 길 없는 자존심의 손상은 시대를 풍미하던 과학적 낙관론이나 실증주의가 쌓아놓은 미래지향적 사고마저 무너뜨리고 만다. 이 같은 정신적 공황 속에서 도덕과 문학의 일체 가치를 포기하려는 절망론이나 쾌락주의, 심미주의와 함께 자아의 파괴를 자초하는 병리현상 등이 퍼지자 가히 함몰 수준을 넘나드는 세기말적 징후는 당대 예술가들의 영혼을 사로잡고 있었다.[14]

이러한 영혼의 상태와 절대 세계에 대한 초월적 갈망이 화학반응을 일으키는 동안 새로운 세계에 대한 절절한 갈구를 이론적으로 체계화시켰던 게 퇴폐주의 즉, 데카당스[15]라 보면 상황논리는 강점기 조선의 그것과 크게 다르지 않았다. 물론 19세기말 프랑스와 1920-30년대 조선 역사가 생화학적 동질성을 내세울 리 만무했겠지만 말이다. 하지만 결코 져서는 안 될 전쟁에서 분명코 지고 말았다는 부끄러움은 무너지지 말았어야 할 왕조의 확연한 몰락을 겹쳐보게 만들었고 그로부터 솟구치는 쓰라린 감각과 회한은 '파리'나 '경성'이 다를 리 없었다.

당대의 퇴폐 문학이 도드라졌던 또 다른 까닭은 시대를 옥죈 역사나 상황 논리를 향한 반감反感의 표현으로만 모아지지 않는다. 문학은 단지 '사라졌거나 무너진 과거'에 연연하기만 하는 나약한 도구가 아니라 새로 펼쳐져야 할 세상과 다가올 시대정신의 진솔한 시그널일 수 있었다는 점에서 퇴폐의 이중적 모멘트를 키운다. '무너짐'은 분명 '한탄'과 '암울'의 단서였지만 동시에 '건설'과 '창업'의 까닭이기도 했던 것이다. 퇴폐를 한심閒心한 현상으로만 받아들일 수 없는 이유가 여기서 무르익고 있었다.

동인지 활동이 제 모습을 드러내던 1920년대는 3·1운동의 좌절과 식민당국의 본격적인 정치폭력이 만나는 시기였다.[16] 혁명의 기미幾微가 극심한 탄압과 회유의 계기로 왜곡되기 시작할 때부터 이 땅의 정치적 자학과 자기멸히의 울음은 예견되고 있었다. 적잖은 동인들이 『백조白潮』나 『창조創造』를 만든 것도 엄히 따지자면 앞서 말한 퇴폐의 반어법을 둘러싼 이중의 메시지와 어떻게든 추스르고 달래야 할 민족의 심사를 염두에 둔 문학 정치적 행동에 다름 아니었다. 하필 20년대 첫 해에 모습을 드러낸 『폐허廢墟』[17]에서랴.

퇴폐의 외피로 우울한 제 몸 감쌌던 강점기 문학이 허허로운 맥락을 이어가는 동안 허무와 눈물, 소외와 참혹慘酷의 정조

情調란 것들로 당대의 시민들을 넘치도록 위로하였음도 아무나 할 수 있는 일은 아니었다. 박영희, 오상순, 홍사용, 김기진, 박영희, 주요한, 김동인, 이상화, 오장환, 박인환 같은 이들이 정다운 존재로 거듭나는 까닭은 이 때문이다.[18]

하지만 문학의 '퇴폐'가 에둘러 강점기 상황을 다잡으려 애쓴 정조의 핵을 따로 들라면, 그건 '비극'과 '불안'이었을 것이다. 소설의 경우는 한결 '그러하여' 최명익과 김남천의 작품에서 퇴폐는 농후하였다. 하지만 자신의 작품을 '퇴폐주의'로 특정하거나 그처럼 분류하(되)기 위해 엄정한 자기 규정적 자세를 견지한 적은 그 누구도 '없었음'에 주목한다면 이는 곧 징후요 경향이자, 도드라진 흐름의 한 꼭짓점으로 보아야 할 터다. 시인들이 세勢를 형성하여 허무와 부조리를 노래하고 소설가들은 주제의 예외와 소재의 원색성으로 시대의 참담함을 견디려는 문학의 흔들림이 밑동부터 가시화하였음은 시대의 분명한 '슬픔'이었다.

그렇게라도 '견딤'이 더 이상 혁명 없는 시대의 만만한 언덕이자 기대며 비빌 감각의 안식처였음에 강점기 문학 일부는 주목하고 있었다. 그것만이 내파內破의 조짐을 스스로 방호하고 자기균열의 틈새에서나마 완전 파멸의 종장終章을 피할 의식의 면역 도구임을 작가들은 강력하게 자각한 것이다. 그 같은 문학적 엄중함의 한 단면에 관해 김예림은 이렇게 견준다.

단층파와 최명익이 보여준 세계감각의 거점은 작품에서도 종종 언급되듯이 비극의 철학과 불안 사조다. 세계 변동의 혼란 속에서 전망의 초점을 잃은 당시의 지식인들에게 이상주의에 대한 철저한 거부, 기존의 모든 확고한 신념의 포기를 반영하고 있는 사유가 호소력을 갖게 된 것이다. …… 문화가 몰락하고 무언가 모호한 위기가 닥쳐오고 있다는 느낌, 흥망성쇠를 타는 생명 과정의 끄트머리에 서 있다는 예감, 문명의 해체에 직면해 있다는 의식이 데카당스의 중요한 한 측면이라면 단층파와 최명익의 세계는 기본적으로 이러한 의미에서의 데카당스 감각을 공유하고 있는 것이다. …… 1930년대 후반에 활동한 미적 주체들은 위치상으로 보자면 그들 앞에 펼쳐진 근대라는 지평의 맨 끝에 서 있었던 셈이다. …… 문명의 권태, 정신적 혼돈기 지식인의 의식적 위기, 그리고 전망 없는 시대의 퇴폐적 징후의 포착이라는 점에서 김남천의 『낭비』 연작과 단층파·최명익의 작품은 서로 공유점을 갖는다. …… 『낭비』는 퇴폐적 무드, 과잉된 섹슈얼 코드, 경제적 풍요 그리고 틀림없이 이것과 연결되어 있을 '생산' 없는 사치 즉 '낭비'의 모티브로 가득 차 있다. 여기서 낭비는 지식인의 정신의 낭비를 의미하기도 한다. 그는 당시 조

선의 상황을 결실 없는 흘러넘침, 과잉과 불균형의 뒤틀어짐이라는 고리로 꿰고 있는 셈이다.[19]

논의의 본류로 돌아가자. 강점기 조선 문학의 '퇴폐'는 상황의 암울과 집단적 격정이 토해낸 온전한 자발성의 산물이었는가, 아니면 때마침 번역된 보들레르와 베를렌의 충격 때문이었는가. 게다가 그것은 과연 '주의'로 명명할만한 흐름의 문학적 '결정성'을 담보하는가, 그렇지 않은가. 퇴폐를 감각적 '시늉'으로 볼 것인지 아니면 문화적 '자생'과 견디지 못할 '발흥'의 진하디 진한 '증세'로 이해해야 하는지는 여전히 미결 과제로 남아있다. 단지 묻고 그에 답하려는 몇 가지 단서들을 다시 천착, 재구성하는 것만으로 이에 관한 명쾌한 답을 기대하기 어려운 것도 오늘의 현실이다.

그러나 문학의 '영향'이라는 게 생화학적 엄정성이나 과학의 이름을 빌린 명징한 인과론으로 밝혀낼 성질의 것도 아니고 설령 단서와 근거가 분명하다 해도 '을乙'의 원인을 '갑甲'에게 묻거나 거꾸로 확인할 계제도 되지 않는다는 점에서 이는 항구적 논쟁 대상이 될 가능성조차 함축한다. 그것이 무슨 사법적 문책 계기를 이루는 것도 아닌 한, 이른바 '협력과 저항'을 논의할 때 등장하는 정치적 그룹핑의 한 핑계가 되거나 이른바 (정치)노선의 문제처럼 특정 시기의 특정 입장을 대변하는 가변적 추이의 어느 한 '들뜬' 국면으로도 받아들일 수 있는 노릇이다.

아예 정확히 강점기 문학 속 '퇴폐'를 천착하려면 논의의 출발은 『폐허』가 창간되는 1920년, 그 정점은 서인식이 앞의 산문을 발표한 1939년으로 하되 쇠퇴와 소멸의 계기는 따로 없었던 것으로 볼 일이다. 사라져 없어진 게 아니라 그 후 '해방'과 '분단' 시대에 차라리 가혹하게 물려줄 선물의 하나로 이해한다 한들 어쩔 수 없지 않을까.

백철이 일컬어 '조선에서는 1935년대를 전후하여 퇴폐적인 경향이 일시 철저하려는 것'을 보았다고 했던 건 결국 강점기 퇴폐의 변증법적 고양을 이른 말일 터이다. 존재하는 모든 것들이 안고가야 할 내외의 모순이 더 이상 견디지 못할 존재 소멸의 임계점까지 그 극성을 '잉대·숙성·빌진'시키는 동안 한번은 최고조에 달하리라는 것. 그것의 형체와 내용의 구체성을 떠나 이미 무너진 과거를 애타게 바라보며 괴로워하는 상태 '그 자체'도 '그것'만으로는 자기정체를 온전히 지탱할 수 없을 것이란 점. 모든 것은 변하되 변화의 극치를 경험하기 전, 영생永生과 불사不死의 환영幻影도 현실로 가시화되고 미래의 불안마저 당장의 안온함과 맞바꾸려 들만큼 영혼의 잠식은 불가피할 것이란 사실.

그는 김오성이 지식층의 데카당적 경향을 지적했음[20]을 예로 들기도 하지만 이를 보다 폭넓은 '불안' 문학의 한 지류로 이해한다. 그가 당시의 불안문학을 이상의 '현대적 퇴폐성', 허준의 '니힐리즘' 그리고 최명익의 '페시미즘' 등으로 구분한 것을 보면 그의 데카당은 분명 좁은 의미의 것임을 알 수 있다.[21] 그나마 당대의 문학사를 일별하면서 가장 단호한 어조로 이 땅의 인문학적 퇴폐 기류를 규정·묘사한 이가 백철이었다고 보면 그의 주장은 면밀히 살필 필요가 있다.

특히 그의 다음 두 주장은 앞서 밝힌 대로 강점기 문학 속 퇴폐가 적어도 두 세대를 관통하는 기류였음에 주목할 일이다. 흥미롭게도 그 시기는 일본 중심의 동북아 국제질서 재편성과정에서 저들의 팽창이 조선의 정치적 주눅을 고조시키는 일련의 사건들과 긴밀하게 맞닿고 있음을 알게 된다.

3·1의 좌절과 만주사변, 중일전쟁의 확장과 유럽 전장戰場의 격화까지만 하더라도 태평양전쟁의 여파가 얼마나 심각한 파장을 불러일으킬 것인지 내다보기란 불가능했던 터였다. 하물며 주눅의 온상이자 파멸의 직전까지 지겹도록 좌절을 학습한 조선반도에서 정작 무너지고 사라져야 할 궁극의 상대가 일본일 것이란 예상 까지랴. 퇴폐가 우리의 '것'이 아니라 이젠 저들의 '몫'이라는 생각은 적어도 계산 대상조차 될 수 없었으니까.

一九三四年1934년에 이르러 直接직접 그 政治的정치적인 事件사건이 諸國제국에 發生발생되었으니 三四年34년 二月2월 六日夜6일야에 佛國불국에 일어난 巴里파리의 大暴動대폭동이 鎭定진정되고나서 一週日일주일 不過불과하여 同月동월 十二日12일에는 墺國오국의 「빈」에 또 大騷動대소동이 爆發폭발되어 數千수천의 死傷者사상자를 내게 되어 歐洲구주의 政局정국은 直接직접으로 不安恐怖불안공포 속에 있는 狀況상황이며 一面일면 世界平和세계평화의 維持機關유지기관이던 國際聯盟국제연맹은 獨逸독일과 日本일본의 退盟퇴맹으로 事實上사실상 崩壞붕괴된 것이며 이것으로서 全世界전세계는 그대로 第二次大戰제2차대전의 危機위기속으로 邁進매진되고 있었던 것이다. 말하자면 一九三一年1931년(滿洲事變만주사변[22]) 以後이후의 文化문화우에 世界的세계적인 不安思潮불안사조가 深化심화되고 文化문화의 危機위기가 부르지저진 것은 이런 時代的시대적 背景배경을 두고 일어난 現象현상이었다. …… 말하자면 近代資本主義근대자본주의의 崩壞過程붕괴과정은 思想사상의 混亂혼란을 일으키고 그 末期말기의 恐慌공황은 그 混亂혼란을 不安危機불안위기로 誘導유도하고, 그 頹廢主義퇴폐주의는 一層 廣範일층 광범하게 流行유행한 것이다. 그리고 이 不安불안의 思潮사조 頹廢的퇴폐적인 傾

向경향은 한 流行유행에 머저지지 않고 이 時代시대 知識人지식인의 한 現實觀현실관으로 된 것이다.[23]

* * *

1920년 하반기 『廢墟폐허』誌의 창간을 전후한 시기와 1923년경 『白潮백조』시대 이후까지도 포함하여 韓國文壇한국문단에는 퇴폐적인 분위기가 짙은 안개와 같이 흐르고 있었다. 그리고 이 퇴폐적인 경향은 文壇문단에 한한 것이 아니고 이 시대의 全知識階級전지식계급이 공동으로 걸린 하나의 世紀病세기병이었다. 이 시대의 지식인·예술가·문학자의 비판과 회의와 무기력은 막연한 정도를 넘어서 의식화한 정신의 자태였다. 나태는 그들의 생활습성이요, 자포자기는 그들의 정신적 惰性타성으로 되었다. 그들은 우울을 껌과 같이 씹고 다니는 世紀病세기병의 중독자였던 것이다. 그러나 나는 너무 단정적으로 이 시대를 頹廢主義퇴폐주의 위에 규정하려고는 하지 않는다. 이 시대는 퇴폐주의 시대라고 하지만 퇴폐주의는 이 시대 문학의 主潮주조였다고 단정하기까진 그 분위기가 昇華승화되지 못한 것을 느끼는 때문이다. 확실히 이 퇴폐주의적인 것은 우리 新文學界신문학계에 들어온 다른 文學思潮문학사조, 예를 들면 浪漫主義낭만주의나 自然主義자연주의와 같이 명확한 主潮주조로선 표현되지 못했다. 퇴폐주의는 없었다. 그러나 퇴폐주의적인 경향은 존재했다는 정도로 이 시대에 流行유행된 그 퇴폐적 분위기를 규정해 두는 것이 타당하다고 생각한다.[24]

1920년대가 퇴폐의 발흥기로 간주되었던 결정적 계기는 동인지, 『폐허』의 타이틀이 주는 정치적 처연함과 의당 그에 따른 문화적 자학의 심리였을 것이다. 이제는 다 무너져 내려 아무데도 기댈 곳 없는 망연함이나 삶의 적막이 일으키는 '황량감'을 잡지의 이름이 거울처럼 확연히 비출 때 불특정 다수의 절절한 정치심리란 퇴폐 말고 달랠 계기가 따로 없을 정도였다. 그것도 단 두 번 만에 발간을 그치고 마는 상황의 척박이야 무엇으로 위무할 일이었을까 마는 이승하는 퇴폐를 당대 문학의 주조主潮로 보거나 특히 시인들의 문학적 퇴폐가 모조리 보들레르니 베를렌 등 프랑스 시인들의 막연한 모방과 추수만은 아니었다고 본다.

영향의 흔적은 다분하나 그렇다고 모두가 그처럼 흉내 낸 건 아니었고 울기鬱氣의 자율도 얼마든지 가능했다는 해석은 눈여겨볼 필요가 있다. 뿐만 아니라 퇴폐의 원류를 『폐허』에서 찾으려는 백철의 고증도 잘못되었음을 그는 아울러 지적한다.[25] 문학의 퇴폐주의가 프랑스 시인들의 상징적 신호탄에서 기인한 것이 맞는다면, 그리고 그 여파가 강점기 조선에도 고스란히 적용된다면 그것은 차라리 동인지 『금성金星』[26]에서 찾는 게 옳지, 정작 번역시의 흔적조차 희소·묘연渺然한 『폐허』를 놓고 문학적 흐름의 정체를 발생론적으로 규정하는 건 온당치 않다는 것[27]이다.

그것은 이미 '논쟁 아닌 논쟁'으로 유명해진 백철과 조연현의 생각 차이[28]와 함께 애매한 입장의 고착화 아니면 더 이상의 '논란 없는 징후'로 각인된다. 문학의 퇴폐는 이데올로기의 결정성도, 부정否定의 강력한 계기도 마련하지 못한 채 강점기의 모호한 운명과 함께 그 운행의 궤를 유예시킨 셈이다. 하지만 작품 속의 퇴폐가 내재적 발화나 자생적 숙성의 결과가 아니라 보들레르나 베를렌 혹은 랭보나 와일드의 영향 때문이었다는 증거도 분명치 않다. 평자들 거개가 주관의 늪을 성공적으로 건너뛰는 것도 아니고 퇴폐문화의 유입과 '상징'의 인입 과정이 명징한 것도 아니었다고 보면, 단순히 동인지에 실린 프랑스 번역시를 이 땅의 시인들이 일방적으로 동경하거나 혹여 숨어서 흠모·모방하였으리란 단서도 우리에겐 빈곤하다.

1920년대의 문학적 퇴폐가 조선 문단을 총괄하거나 나아가 만세운동의 좌절을 만회하려는 문화적 반발과 허무의 표식일 수만은 없었으리란 반론[29]도 설득력은 그리 강할 수 없다. 왜냐하면 퇴폐가 이데올로기로 나타나진 않았고 대신 '경향'과 '징후'

였음을 백철 자신이 밝힌 바 있고 우리에겐 최소한의 '흔들릴 자유'마저 깡그리 닫혀 있던 건 아니었기 때문이다.

흥미로운 건 당대의 퇴폐를 바라보는 백철의 인문학적 여유다. 그는 20년대 퇴폐문학이 현실에 아연해 하면서도 정작 거기서 벗어나지도 못하고 한결같이 매몰되고 마는 데 주목한다. 즉 퇴폐의 주역들은 현실을 저주·부정하면서도 그 곳을 떠나지 못하고 궁극에는 애착과 연민 위에 문학 세계를 구축한다는 점이다. 엄밀히 보면 이는 낭만주의 문학처럼 비현실적 공상이나 꿈의 세계를 헤매는 것도 아니고 현실이란 진흙탕에 발목을 파묻고 선 채 정작 거길 이륙하지도 못하는 자세다. 현실을 부정하면서도 막상 버리지 못하고 하염없이 그 암담한 측면만 더듬어가는 자연주의문학을 떠올리자면 퇴폐주의문학도 서로 통한다고 이해하는 것이다.[30]

'친일'과 '항일'로 진작 갈라진 나라는 냉랭한 얼음골 따라 쩡쩡함만 더해가고 있었다. 솟구치는 민족의 정치적 저항력을 심대甚大한 군사폭력으로 키워 '저들'을 단숨에 내치지 못하였음은 의당 부끄러운 일이기만 하였다. 하지만 언감생심 그 같은 생각일랑 꿈조차 꾸지 않는 부류도 지천이었다. 이젠 영영 이 땅에서 나가지 않으면 어쩌랴 하는 생각으로 괴로워 하는 인구가 넘쳐났다면 반대편에는 행여 일본이 망할까 염려하는 도저한 부류도 엄연키만 하였다.

저항, 특히 강점기의 국내정치적 저항이란 복잡한 문제였다. 혁명의 외피를 빌려 극히 단순한 폭력의 집중 투입을 담보할 수만 있었다면 얘긴 달랐겠지만 겁먹은 민초들에게 저항은 기적 같은 일이었기 때문이다. 게다가 적을 제거하기 위하여 합쳐야 할 동지들은 서로의 감정조차 다스리기 힘들지 않았던가. 하물며 퇴폐의 형식과 그 내용을 통해서랴.

전쟁이든 혁명이든 적은 '밖'에서 찾아야 할 일이었다. 하지만 적들은 내부에 있었고 서로를 견제해야 하는 형국 속에서 당국의 '다스림'은 의외로 쉬웠다. 주눅과 두려움 앞의 '자발적' 패배란 그렇게 허망했다.[31] 알아서 무릎 꿇는 아연한 복종이란 모두를 갉아먹고도 남을 기막힌 모면의 길이었다. 적과의 결연한 전쟁은커녕 싸워 볼 생각도 하기 전에 미리 져주는 기이한 작태, 그것이었다. 시인의 변절과 작가의 전향보다 늘 거기 그렇게 뭉개며 홀로 망가지는 일이 저항보다 힘겨운 또 다른 기적이었다면 그건 어떨까.

친일 혹은 문학적 부일扶日 때문에 평가의 기본 값을 스스로 낮춘 경우야 어디 '서정주' 뿐일까 마는 문학적 생애 전체를 놓고 따지자면 얘긴 다르다. '이광수'인들, 언제 독립을 부르짖지 않았으며 항일을 외친 적이 없었던가 말이다. 그들이 겪은 강점기 말의 정치적 주눅 때문에 초반의 문학적 결기와 항변의 의미를 자동 퇴색시키진 말일이다. 게다가 퇴폐가 저항의 단초이자 혁명의 무기인 양 홀로 포효한 시절도 있었다면 검색 자세는 달라져야 하지 않을까. 얼음 몇 덩어리로 여름 호수를 얼릴 재간이야 없겠으나 '얼음'을 '얼음'으로 인정하자면 무엇보다 그 '결정체'부터 헤아려야 할 일이다.

친일의 문학행적이 뚜렷하다면 '대상자'의 또 다른 과거도 다시 주목해야 한다. 느닷없는 문화 정치적 협력이 '팩트fact'였다면 같은 인물의 저항도 지우지 못할 대목이다. 행적을 따라다니는 기억은 물론 그에 뒤따르는 엇갈리는 평가의 까닭이란 어둡고 밝은 양면을 모두 비춘다는 사실 앞에 솔직할 일이다. '훈장'과 '돌팔매'의 경계에는 늘 주관적 평가와 극단의 해석이 교차하게 마련이지만 두 진영의 논리는 갈등과 긴장 이전에 서로의 비판 근거를 견고히 할 필요가 있다. 특히 동일인을 향한 이중적 잣대는 좀체 그 평균값을 도모하기 힘겹게 만드는 우리네 풍토이지만 적어도 '네거티브'로 '포지티브' 전체를 단숨에 치환해버리는 일일랑 삼갈 것이다.

서정주의 초기 시는 합일과 분리의 과정으로 이루어진다. 심리적으로 자아의 퇴행과 죽음을 의미하는 이 과정에서 '합일'은 근친상간의 환상과 성애性愛적 표현을 기꺼이 숨기거나 죄와 부정을 남긴 후 항상적 어둠과 지옥, 죽음 등의 불순함을 드러내기도 한다. 육체적 관능과 본능의 소진消盡이 그의 시 구성에서 상당기간 무게를 잃지 않는 것마저 일제를 향한 문학적 거부에 다름 아니었는지 따지자면 별도의 분석틀이 필요할 것이다.

이에 답하려 결코 직접화법을 쓰지 않는 그였지만 데뷔작, 「벽」은 식민의 시대를 관통해야만 하는 주체의 혼돈과 존재 이행을 위한 시도를 처음 보여준다.

> 덧없이 바래보든 壁에 지치어
> 불과 時計를 나란이 죽이고
>
> 어제도 내일도 오늘도 아닌
> 여기도 저기도 거기도 아닌
>
> 꺼저드는 어둠속 반딧불처럼 까물거려
> 靜止한 「나」의
> 「나」의 서름은 벙어리처럼…
>
> 이제 진달래꽃 벼랑 햇볕에 붉게 타오르는 봄날이 오면
> 壁차고 나가 목매어 울리라! 벙어리처럼

오 ― 壁아.

―「벽」(1936) 全文

첫 연의 '불과 시계를 나란이 죽이고'와 4연의 '벽壁차고 나가 목매어 울리라! 벙어리처럼'의 두 구절은 도드라진다. '나'의 한계를 뛰어넘으려는 욕구를 보이되, '불과 시계'는 치밀하게 모던한 (인간) 이성과 자아의 유한성을 드러낸다. 즉, '불과 시계를 나란이 죽이'는 행위는 '시간의 폐기'와 '자기중심적 지배원리의 파괴'를 동시에 뜻한다. 이는 곧 '벽 차고 나가'고자 하는 욕구 실현의 전 단계다.

끝 연의 '이제 진달래꽃 벼랑 햇볕에 붉게 타오르는 봄날이 오면'은 '자연적 회귀'를 꿈꾼다. 해방과 독립을 기리며 보국의 자유를 애태우는 시어라고 이 대목을 당장 해부하자면 매우 즉발적인 정치성을 담겠으나 '불태움'으로 '꽃'이 '씨'의 상태로 돌아가는 일은 진지하기만 하다. 모든 생명의 재생과 부활로 '봄'은 '불'에 의한 고통과 죽음을 통해 가능하다는 인식이 여기 숨어있고 '벙어리'의 원초적 육성인 목 매인 울음은 '새로운 시작'으로 봄을 준비한다.

'벽'이라는 제목만으로도 식민지의 시공간은 또렷이 연상

가능하고 억압적 시대현실과 답답한 상황을 유추할 수 있다.[32] 유폐된 민족과 패쇄 공간을 헤매는 자아의 해방은 당장 어렵지만 시라도 쓰며 울기의 폭발을 노래로 대신할라치면 자폐自斃의 대가를 기다림으로 치르는 일은 어느덧 습관처럼 굳어가고 있었다. 애당초 여기서 꺼진 '불'과 멈춘 '시계'는 역동적 생명력이라는 본래의 속성을 잃어버림으로써 언어의 죽음인 '벙어리' 상태나 신체의 죽음인 '불구자' 상태와 동일시된다.

결국 이질적인 네 개의 틀이 상호작용하는 가운데 '갇혀 있는' 상태로 이들은 의미론적 통합을 이루면서 '폐쇄은유閉鎖隱喩'를 형성한다. 바꿔 말하면 '벽'은 불구의 몸, 언어의 죽음, 생명력의 소멸, 시간의 죽음으로 네 겹을 이루면서 다층의 감금 상태를 구체화한다.[33] 흥미로운 건 생각의 반복과 표현의 지탱이었다. 엄격히 분석하자면 시어의 반복이란 문학 사상의 자기 복제요, 강조의 지속일 것이리라. 같은 내용의 다른 드러냄 혹은 비슷한 표현 욕구의 동일한 현시과정은 자연스럽게도 시인 자신만의 언어를 순치馴致시킨다.

그것이 일상의 언어가 아니기에 시는 해석자의 주관을 크게 못 벗어나는 경우가 흔하다. 하지만 끝내 시인이 의도한 목적에 도달한다면, 그럴 수만 있다면야 감각의 희열과 사회적 공감이란 일상의 감동이나 저잣거리의 흥분을 넘어서리라. 그나저나

일본의 식민지배구조가 정치폭력의 외연을 넓혀 아예 세계경영의 기치를 드높이고자 '듦'이 시인에게 아연啞然한 사슬로 다가갔던 건 우연일까, 아닐까.

다음은 그가 1941년에 발표한 『화사집』에 수록된 시다. 그는 42년부터 갑자기 친일작품을 쓰기 시작하는데 이는 당시 그의 과도기적 혼란 심리를 잘 드러낸다.

서녘에서 불어오는 바람 속에는
오갈피 상나무와
개가죽 방구와
나의 여자의 열두발 상무상무

노루야 암노루야 해남 노루야
늬 발톱에 상채기가
퉁수ㅅ소리와

서서 우는 눈먼 사람
자는 관세음

서녘에서 불어오는 바람 속에는

한바다의 정신병과

징역 시간과

— 서풍부西風賦(1941)

처음 연에서 '서녘'은 서방세계를 뜻한다. 바람은 방황과 시련의 젊은 날을 상징하겠건만 어느 날 '바람'처럼 들이닥친 서양의 가치관과 우리네 전통의 가치관은 부딪칠 수밖에 없었을 것이다. 게다가 육자배기 가락 중 일부인 '오갈피 상나무'와 풍물놀이에 쓰이는 북으로 '개가죽 방구'나 상모놀이를 표현하는 '열두발 상무상무' 등 고유 풍물이 들어간 건 본연의 가치관이 흔들리고 시인마저 극심하게 흔들리고 있어서가 아니었을까.

다음 연의 상황은 시인의 방황을 더욱 재촉한다. 노루의 이미지는 '노루'에서 '암노루'로, '암노루'는 다시 '홰냥(환향→화냥)' 서방질 하고 다니는 여자의 동물성을 구체화한다. 같은 대상의 급격한 호칭변화는 시인의 심경 또한 급격하게 요동치고 있음을 뜻한다. 처음 연의 내용으로 유추할 때 '내 여자의 열두발 상무상무'의 이미지는 잽싸게 뛰는 연약한 암노루의 '그것'이었으나 '암노루'는 곧장 '홰냥노루'로 변한다.

이 모두가 당하지 말았어야 할 식민의 시절에 관한 버거운 토로이자 문학적 항변의 시어들이었다면 그의 정치적 퇴폐도 전혀 이해 못 할 바는 아니다. 일본은 엄연히 조선 동쪽에 자리한 열도의 국가이건만, 서풍 진원에 그들도 넣어 그 '바람 속에는 한 바다의 정신병과 징역시간과' 시의 느닷없는 '마침'이라니. 뿐만 아니라 깨끗하고 처연하기 이를 데 없는 노루의 화냥질이라니 이건 자학도 보통 자학이 아니지 않겠는가.

겪지 말았어야 할 시간의 축적물이란 역사를 뒤돌아볼 때나 쓰는 편리한 언어일 것이다. 따라서 역사의 비루한 경험을 피치 못한 이들 모두에게 '서풍'은 면피의 상징이자 역설적 위로의 콘셉트였다. 때문에 시인이 에둘러 일으킨 '바람'이기도 하였다. 굳이 따지자면 서양은 아니로되, 그들도 나라 '밖' '족속'들이었으니까. 학대의 방편으로 관능과 성애의 덫을 습관처럼 파놓는 시인의 전략은 의외로 단순했다. '쉽게 즐기고 어렵게 뉘우칠' 미래의 시간들을 문학으로 예비하려는 정치적 판단 결과였다.

그런다고 홀로 도덕적이거나 완벽한 이성의 구현 주체인 양 자처하기도 힘든 세상에서 '징역 시간'과 '정신병'이나 앞의 시, 「벽」에서 울던 인동忍冬의 '벙어리'나 그(것)들은 오십보백보였다. 죽을 만큼 갑갑하고 아니, 차라리 죽음 그 자체로 묘파할 대상이 식민의 백성들이었다고 보면 크게 틀리지 않는 일 아니었을까. 시라도 읽으며 자위하고 시라도 노래하며 견딤의 노동을 불사해야 할 집단의 정서가 어딘들 찾아 숨기라도 할 수만 있었다면 미학이니 뭐니 찾으며 멋있고 아름답게 꾸밀 필요에 앞서 되레 애잔하고 절실한 '빈터'가 필요했던 터였다. 손쉽게 겪고 오래도록 느낄, 설령 '퇴폐의 그늘'이라도 기꺼이 숨어들 노릇이었다.

그래서였을까, 서정주를 유독 긍정적으로 평가한 임화에게도 이 작품은 주목 대상이었다.[34] 퇴폐의 색다른 정치성으로 작품 곳곳을 새삼 음미할 필요마저 아낌없이 지적한 임화였다.[35] 평론의 탐구 현장에서 오래도록 회자하는 임화의 미당 칭찬은 이례적이었지만 거의가 미당에게 '돌' 던지던 저간의 사정을 감안하면 평자의 '꽃다발'은 그 '향기'에 앞선다.

임화는 미당의 「서풍부」를 놓고 이렇게 말한다.

> 여기에서 우리가 부딪힐 수 있는 것은 피할 수 없이 절박한 어떤 심정의 절정이다. 만일 통소通笑 가운데서 우리가 얼마간이라도 현실과 멀어질 수 있다면 여기서 웃음은 유폐되어 시는 더 한 걸음 오히려 현실에 육박할 수밖에 없다. 인정할 수 없는 현실을 향하여 기피할수록 거기에 육박하는 심정이란 참을 수 없는 것이다. 그러므로 '징역시간'! 이것이 이러한 시인들에게 있어 시간의 내용이 된다. 시간이란 본래 우리에게 있어 가치 있는 창조와 생활의 유락愉樂으로 충만되어야

할 것이다. 함에도 불구하고 노복奴僕에게 주어진 시간처럼 가책苛責한 것으로 그 내용이 전성轉成된다는 것은 시간이 전개하는 현실이 그들에게 있어 끝까지 거리가 있는 것이기 때문이다. …… 광란과 탕란蕩亂 가운데서 전율하는 무망無望이 그대로 결정結晶한 채 그것은 현실에 대한 하나의 준엄한 심판이 될 수 있는 동시에 또한 정신의 고매高邁한 상태와 방불할 수 있다. 시속時俗에 대한 시정배와 같은 협조와 완전한 절연에 있어 퇴폐가 전하는 높은 향기는 늠렬凜烈한 정신의 상태에 가까울 수 있기 때문이다. 서정주의 예술은 이런 점에선 오장환보다 좀더 앞서 있는 한 정점이나 그러나 또한 그만치 구하기 어려운 것이다. 여기에서 우리는 비로소 현대적 퇴폐에서 떠나오지 아니할 수 없다. 왜 그러냐 하면 자기에 대한 준엄한 가책이란 것이 그들이 외부에 대하여 피력한 것과 같은 정도로 요구되기 때문이다. 이 성실은 일찍이 보들레르의 최대의 가치였다. 이른바 19세기의 데카당스는 악한 자의 가면을 쓴 강한 자의 예술이었다. 악한 자의 가면을 쓴 선한 자의 정신이었다. 그러나 현대의 퇴폐라는 것은 악한 자의 가면을 쓴 약한 자라고는 아니하더라도 약한 자의 가면을 쓴 약한 자 자신이라는 것은 은폐할 수 없기 때문이다.[36]

이쯤 되고 보면 더 이상의 적극적 해석이란 기대 불문이다. 강점기말에 이어 만일 해방 후 미당의 시작詩作을 총괄하더라도 이 같은 자세가 변함없었을 것인지는 그러나 의문이다. 45세에 요절(1908-1953)한 임화였기에 진솔한 답을 기대하기 어려웠지만 이 같은 적극성이 과연 굴절·변형되었을 것인지 여부도 물음 자체가 버겁다.

미당의 시어는 어느덧 동어반복tautology의 궤도를 돌고 있었다. 해방은 현실이 되고 나라는 꼴을 갖추어가고 있었지만 조선의 정치공간은 그에게 여전히 '징역의 땅'이었다. 이미 「서풍부」에서 썼던 '징역 시간'이 이제 「혁명」에서 '징역 공간'으로 바뀌는 것이다. 세월은 흘러도 그대로인 땅이었다. 그래서 자신의 무능과 회한과 부끄럼만 잔뜩 끌어안고 찾아든 마음의 안식처가 하필 바다였고 또 바람이었다. 그 바다가 어느 곳이며 바람이 또 어디서 불어오는지는 알 바 아니었으되, 바다와 바람의 형상이 중요했음이 아니라 그네들이 치대고 괴롭혔을 것이며 하염없이 뒤흔들던 자연의 한 부분으로 붉고 푸른 무늬의 조개껍질과 이름도 밝히지 않은 채 등장하는 이 땅의 추상적 꽃이 다시 또 애먼 상징의 도구로 인용되는 터였다.

그것도 어쩌자고 많고 많은 자연물 가운데 '조개'요, '찢어지게 열리는 꽃'이었더란 말인가. 혹자는 이 시를 온전히 정치적으로만 읽으려 '듦'은 미당의 반편짜리 이해일 뿐이기에 해석의 여백을 페미니즘으로 누벼보라 권하기도 한다. 속살 품은 조개의 내력보다 껍질의 빛을 빚은 바다의 역사와 이제 막 피어난 꽃의 사연인 즉, '바람의 바람the hope of the wind'으로 탓을 돌리는 일도 천상 시인이나 가능하였으리라. 그것이 은근한 퇴폐의 지뢰밭이든, 아니면 더없이 농염한 표현의 꽃밭이든 관계없이 말이다.

조개 껍질의 붉고 푸른 문의는
몇 千年을 혼자서 용솟음 치든
바다의 바다의 소망이리라.

가지가 찢어지게 열리는 꽃은
날이 날마닥 여기와 소근대든
바람의 바람의 소망이리라.

아 ― 이 검붉은 懲役의 땅 우에
洪水와 같이 몰려오는 혁명은
오랜 하눌의 소망이리라.

―혁명(1948)

일찍이 그 일을 생각하였더라면 견결한 대오는 물론 '글'보다 '말'에 주력해야 했으리라. 시 쓰는 일이 어찌 직업정치와 같았을까 마는 시인에게도 혁명은 진작 추동·성사시키지 못하여 안타까웠던 모양이다. 하지만 혹여 폭압의 세월에 어쩌지 못하였던 자기 변절과 문학적 굴신屈身을 의식한 가책 '때문'은 아니었을까. 변명도 정치의 지평에선 얼마든지 가능한 일이라면, 문학의 외피를 뚫고 표현의 장막을 거둬 언어의 형용이 다다를 한계란 거의 무변無邊인 것이 시인의 특권이었을 것이다.

세월이 흘러도 혁명의 노스탤지어는 홀연히 계속되던 터였다. 김수영이 그러했고 신동엽 또한 현대사를 되돌아보게 한 인문학적 모멘텀[37]이었지만 혁명은 난감하였다. 그게 그리도 쉽게 도모할 꿈이자 희망의 프로젝트였더라면 왜 미리 완수하지 못할 일이었을까. '이룩해'야 하건만 도무지 '되지' 않던 혁명이었다. 해야 할 줄조차 몰랐다면 어디 그러고도 '시민'이었을까. 시인도 혁명을 노래하고 비틀거리는 시민들도 혁명의 유산流産을 애면글면 후회하는 동안 바람 앞에 비껴 선 '모두'는 비록 퇴폐적 자기 학대가 또 다른 통증을 수반할망정 기꺼이 그 대열로 합류하고 있었다.

미당의 혁명 예찬이 아니, 해방 공간 조선의 상황마저도 구조적 변혁과 질서의 타파를 노래할 근거로 넘쳐나는 양 이해하였던 정치의 '지체'는 사실 엄정한 고백이자 무능의 또 다른 토로였을 것이다. 문학적 굴절과 표변豹變의 사정을 둘러대기보다 주어진 자유의 공간 속에서 평소의 노선을 다시 되찾으려 함이 머쓱함의 극복 수단이 되었을 것이란 추론도 얼마든지 가능할 일이다. 그것이 자기 파탄의 상흔을 일부나마 가리고 괴로운 심사를 위로할 방편이 되리란 판단도 왜 아니 자연스럽지 않았을까.

해방 후의 이 땅도 여전한 징역의 공간, 즉 감옥처럼 다가왔던 이유나 행여 자기모멸을 덮을 창살처럼 비쳤던 까닭까지 사라진 시인에게 채근할 일은 아닐는지 모른다. 하지만 더 이상 답하지 못할 시인의 그림자 너머로 냉정한 물음의 자세만큼은 멈추지 못할 것이다. 시인의 퇴폐마저 남아있는 모두를 위로할 수단이 되지 않는다면 그때 우리는 남겨진 시와 사라진 시인의 틈새를 무엇으로 메울 것인지 힘들여 강구해야 하지 않을까.

시인을 용서한다는 건 쉬운 일이 아닐 것이다. 다만 '시인'을 돌이키고 그의 '시'를 곱씹으려는 천착 과정이 평가와 해석과는 별도의 과업으로 유예된다는 점은 늘 잊지 말아야 한다. 그긴 시인의 위악과 극적 표현의 끝이 어느 곳을, 그리고 무엇을 지향하는 지 물어야 할 까닭과도 엄밀히 통하기 때문이다. 설령 그 답이 한없이 궁금하더라도 그것이 끝내 자기 위선을 은폐할

악마의 유혹이나 그 불가피한 주문 결과였다고 바라볼 일은 아니리라. '위악'의 반대는 단순한 '위선'이 아니다. 차라리 '부끄러움'이라고 봄이 옳은 이유다.

그러나 남기혁은 부러지게 말한다. 윤리적으로 '강한 자'만이 위악성을 감내堪耐할 수 있는 법이라고.

> 미당의 시적 자아는 공포와 전율을 불러일으키는 위악적 포즈를 통해 이 세계의 공포와 전율에 대응하였다. 그것은 일체의 윤리적 시선 혹은 타자가 부과하는 모럴을 전면적으로 부정한다. 타자의 시선을 차단하고 순전히 자기 자신에 침잠한 채 육체적 본능(혹은 관능적 욕망)에 몰입하는 자아가 바로 미당이 말한 나체, 원시적 생명 충동에 사로잡힌 자아인 셈이다. 하지만 미당의 보들레르적 위악성은 임화가 간파했듯이 하나의 '가면'에 불과했다. 윤리적으로 '강한 자'만이 위악성을 감내할 수 있는 법이다. 만일 시인의 모럴이 타자성의 계기에 견인되지 않는다면 위악성의 담론은 현대사회에 대한 부정의 담론으로 자리매김하기 어렵다. 결코 강한 자일 수 없었던 미당은 끊임없이 흔들릴 수밖에 없었다.[38]

시인의 방황이 윤리적 취약성에서 비롯된다는 주장은 '위악적 시'를 쓰는 일이 간단한 작업이 아님을 분명히 한다. 오늘의 퇴폐가 '약자가 쓰는 약자의 가면'이란 임화의 관점과 이 주장은 고스란히 겹친다. 퇴폐에 기대고 있던 시인 스스로 무너지는 일련의 계기나 동시에 같은 땅위에서 '징역'과 '죽음'과 '소생'을 발견하는 문학적 '우연'이 반복하는 일은 그래서 눈여겨보아야 할 대상이다. 하지만 스스로에 대한 가책만으로 시가 구원되는 건 아니라는 임화의 말[39]은 여전히 옳다.

'시'가 구원된다면 그건 곧 '시인'의 구원마저 자동 담보하는 것일까. 둘은 '같지 않은' 현실이며 같을 수 없는 대상으로 따로 존재한다. 마치 어느 배우의 연기가 세상 바꿀 만큼 강렬하다 하여도 정작 그 연기자가 행복했던 것인지는 다른 문제로 남는 이치와 이는 서로 통한다. 시의 정신과 대립하지 않는 세계를 온전히 담아내는 시인이라면 모를까, 그러나 그 같은 '현실'을 구축할만한 시공간으로 강점기 조선은 평온할 수 없었다. 그럼에도 불구하고 문학적 일관성을 고수할 만큼 자기 윤리에 철저한 경우였다면 얘긴 또 달랐을 것이다.

퇴폐의 반어법에 눈뜰 수 있는지 여부는 강점기 조선 문학이 던지는 궁극의 회두로 탐구 현장에 남는다. 퇴폐를 한낱 부정不淨의 언사나 패덕의 대명사인 양 곧이곧대로 받아들여선 곤란하다는 사실. '개념'이 지향하는 정치적 위장僞裝disguisement

의 성격과 속내 파악에 주력해야 한다는 점. 퇴폐를 퇴폐로만 수용하자면 문학의 정치성은 물론 상징과 비유의 함정도 온통 타락의 늪으로 탈바꿈해버릴 것이라는 반성과 경고. '그것'은 '전략'이자 '전술'이며 '덫'이자 '약'으로 동시 기능하는 다차원의 콘셉트라는 것.

열병처럼 퍼지다 거짓처럼 사라진 강점기 조선 문학 속 퇴폐가 이 같은 함정을 제대로 피할 수 있었는지는 여전히 불분명하다. 다만 협력과 저항의 틈바구니에서 비틀거리지 않고 자기 길을 걸은 이는 돋보이게 마련이다. 문학적 가치판단이나 평가의 무게와는 관계없이 빼앗긴 모국어를 끌어안고도 한 길을 고수했다는 건 그것만으로도 주목 대상이 되기 때문이다. 서정주의 흔들림이 도드라지는 건 한때나마 친히 지내던 오장환의 문학적 행보가 '외올실' 같았기 때문이다. 굵기나 무게와 관계없이 그가 외골수였다는 사실을 누차 확인하다보면 미당의 빛은 그만큼 여려진다.[40] 그 반대도 마찬가지다. 미당을 보다가 오장환을 읽으면 이는 뚜렷해진다.

오장환은 차라리 퇴폐에 충실하였다. 성실한 퇴락과 외로운 자폐. 그것은 '위악'의 무게가 '윤리'의 그것과 나란히 어깨 하는 고단한 과정이었다. 묵고 묵어 더 오래 묵힐 필요조차 없을 만큼 곰삭은 시어로 고통의 속내도 달래고 언젠가는 행복한 날들 또한 별처럼 스미리라 채근해대는 언어의 발효마저 가능했다면 오장환의 퇴폐는 느닷없지 않았다. 무너져 내려 '징징대는' 약자의 투정도 아니요, 자기를 봐 달라며 애써 관심 끌려는 이의 인위적 매력도 아닌 소생蘇生의 메신저로 그의 위장은 인간적이었다.

임화의 얘길 좀 더 들어보자.

> 우리가 퇴폐에 대하여 공감하는 이유가 그것이 퇴폐적이기 때문이 아니다. 오히려 그것이 왕성한 현실에 대한 의욕과 인생에 대한 부절不絕한 호기심의 불가피한 결과이기 때문이라는 것은 오장환 군의 시를 이야기할 때도 피력한 말이다. 바꾸어 말하면 그 부정否定 가운데서 강한 긍정의 의식이, 또한 그 절망 가운데서 희망의 강고한 보장을 발견하기 때문에 퇴폐란 것은 비로소 하나의 심판일 수 있다. 그것은 육체적인 비대肥大에 대한 모욕일 수 있고 동시에 정신의 승리에 대한 예언일 수 있기 때문이다. 다시 더 말하면 자포와 자기가 아니라 인간 생활의 조화와 통일에 대한 깊은 신앙의 명료한 표현이기 때문이다. 이러한 요소가 현대적 퇴폐 가운데 과연 담아질 수 있는지 없는지는 다른 문제나 여하간 그것이 퇴폐의 정신에 대한 위선爲先의 판단기준이 되는 것만은

사실이다. 그러한 것을 가지고서야 비로소 퇴폐가 하나의 정신으로 평가될 수 있기 때문이다.[41]

이처럼 퇴폐가 희망의 단초일 수 있다는 원론적 생각은 강점기 정치공간이었기 때문에 더 자극적이고 암시적일 수 있었다.[42] 퇴폐가 억압의 시대를 지배한 허무의 극복이나 한낱 자위의 방편쯤일 것이란 삿된 사고가 지배하는 한, '그것'은 희망의 상징도 재생의 전조前兆를 알리는 울렁이는 신호도 아님을 글쓴이는 분명히 한다. 눅눅해도 머잖아 마를 것이며 처연하여도 이내 괜찮아질 것이란 예감을 애무하듯 독촉하는 사고는 여기서 그 윤곽을 잡는다. 오장환의 시문학이 쉽게 무너지지 않는 이유다.[43]

퇴폐적 상징주의는 물론 서정시로 회귀하는가 하면, 정치적 리얼리즘 계열의 시에 이르는 등 다양한 시 세계를 보인[44] '그'였지만 여기서는 정치적 암담함이 농후하였던 시기(1936-1937)에 쓴 그의 초기 시 가운데 세 편만 보기로 하자. 매춘과 탈현실의 주제를 시어의 중심에 올려놓은 그때가 하필 중일전쟁 직전의 식민지였다는 사실은 작품 어디에도 묻어나지 않는다. 게다가 영영 끝날 것 같지도 않아 보이는 식민의 세월이 시인을 참담히 괴롭힌다는 증거도 전혀 없다. 현실은 현실일 뿐, 강점기라 더 혹독하거나 그랬기에 훨씬 처량했다는 이유도 '시'만으로는 분명하지 않기 때문이다.

금세 오지 않았을 뿐, 그러나 오리라는 기대 없이 견디긴 힘겨웠다. 동트기 전이 가장 어둡고 꽃 피기 직전이 제일 추운 법. '달콤함'의 대가는 '혹독함'이었다. 잠시라도 그 고통을 외면하거나 딴청 떨려면 퇴폐만한 핑계는 없었다. 보지 않는다고 숨길 수 있는 게 아니며 피하려 든다고 영영 사라지는 것도 아닌 통증의 가리개로 퇴폐가 마지막 구원의 도구임을 암시하는 데 시인은 거침이 없다.

희망은 필요하나 당장은 꽉 막혀있고 내일을 기대할 수 없는 상황만큼은 예나 지금이나 크게 다르지 않다. 하여, 다음 작품은 '시'라기보다 르포르타주reportage라 하는 게 어울릴는지 모른다. 없는 얘길 지어낸 것도 아니란 점에서 낭대는 오늘의 거울이자 뿌리치지 못할 현실이다. 생생하고 절절한 그런 현실 말이다. 어쩌다 그리 되었을까 개탄할 필요[45]도 드물고 변명과 합리화가 용납된다 해도 세월의 얼룩이 말끔해지진 아닐 터이나 매춘과 퇴폐는 어느덧 이음동어로 간주되고 있었다.

> 溫泉地에는 하로에도 몇 차례 銀빛 自動車가 드나들었다.
> 늙은이나 어린애나 점잖은 紳士는, 꽃같은 게집을 飮食처럼

실고 물탕을 온다. 젊은 계집이 물탕에서 개고리처럼 떠 보
이는 것은 가장 좋다고 늙은 商人들은 저녁상 머리에서 떠
드러댄다. 옴쟁이 땀쟁이 가진 各色 드러운 皮膚病者가 모여
든다고 紳士들은 투덜거리며 家族湯을 先約하엿다.

—「溫泉地」 전문(『詩人部落』, 1936.11)[46]

한 번 더 짚자. 이 같은 일들이 식민의 세월에 벌어지고 있었음을 오늘 분憤해하진 말자고. 다만 제 처신은 모른 채 자기 몸 더러워질 줄만 먼저 염려하는 당대의 신사들이나 그네들과 동행한 여인들을 훔쳐보며 좋아라하던 그 풍속이 오늘 어떻게 다가오는지 뜯어볼 일이다. 그것이 언제 일이었느냐 보다 누가 얼마나 자주 '꽃 같은 계집을 음식처럼 실고' 다녔는지 찬찬히 들여다봄은 윤리적 무능이 정치적 무능과는 또 어떻게 야합하는지 확인할 수 있게 된다. 게다가 별들 하염없이 무성한 밤하늘보다 북극성 하나만 떠도는 허공이 어쩌자고 더 아름다운지도 헤아릴 일이다.

그런가하면, 오장환의 시의 주체는 병든 아웃사이더가 되어 항구와 야시장, 윤락가를 헤매며 관능과 유흥의 장소에 퇴폐적으로 탐닉하기도 한다. 다음 시는 습기 차고 질척한 방안에서

벌어지는 윤락행위를 모티프의 중심으로 삼는다. 관능과 퇴폐 속에서 눈여겨볼 부분은 시속의 남녀가 보여주는 일련의 감정이다.[47]

> 푸른 입술. 어리운 한숨. 陰濕한 房안엔 술ㅅ잔만 훤―하였다. 질척척한 풀섶과 같은 房안이다. 顯花植物과 같은 게집은 알 수 없는 우슴으로 제 마음도 소겨온다. 港口, 港口, 들리며 술과 게집을 찾어 다니는 시ㅅ거믄 얼굴. 淪落된 보헤미안의 絕望的인 心火. ―頹廢한 饗宴속. 모두다 오줌싸개 모양 비척어리며 얄께 떨었다. 괴로운 憤怒를 숨기어가며 …… 젓가슴이 이미 싸느란 賣淫女는 爬蟲類처럼 葡匐한다.
>
> ―「賣淫婦」 전문(『詩人部落』, 1936.12)[48]

윤리가 파탄 난 남자로 분장해버린 보헤미안 시인은 같이 즐긴 창녀에게도 온통 누를 길 없는 분노로 괴로워한다. 당장 어떻게라두 하지 않고선 견디지 못할 통증으로 격해있는 작가는 누구도 위로 못할 화火 때문에 갑갑해 한다. 하지만 시를 쓴 연대(1936)를 애써 의식하자면 작가는 괴로운 민족혼 그 자체이며

'매음녀'는 대책 없는 식민의 시대를 절름거리며 걷는 민족 전체로 확장 대입되어도 무방하다. 분노의 자의식이 그처럼 처연한 것도 따라서 그다지 무리는 아니다.

죽어도 여러 번 죽어버린 지조志操하며 꺾여도 하는 수 없이 꺾인 육체는 혼절昏絶한 지 벌써 오래였고 부끄럼도 지나쳐 죽음과 맞바꿀 정신으로 견디며 식민의 땅을 헤치려 '듦'은 그 자체가 고역이자 가혹한 노동이었다. 자학도 자조自嘲만은 못했고 퇴폐 또한 언젠가는 들키거나 깨어날 감각 앞에선 허약한 방편이었다.

박정석은 이렇게 말한다.

> 타락에 몰두하는 두 사람의 감정은 '어리운 한숨', '알 수 없는 우슴', '絶望的인 心火', '괴로운 憤怒'를 통해 직간접적으로 표출된다. 창녀는 한숨과 거짓 웃음을 통해 자신을 상품으로 취급하는 자들을 희롱한다는 점에서, 스스로의 존재감을 근대 세계의 어느 누구보다 통렬하게 자각하고 있다. 한편, '시ㅅ거믄 얼굴'을 하고 있는 젊은 보헤미안의 형상은 오장환의 자기 이미지가 투영된 인물로 볼 수 있다. 풍자하고 비판하기보다는 내면의 절망을 들추어 동일성을 시도하고 있기 때문이다. 무엇보다 주목할 것은 절망과 분노와 같은

부정적 감정이 욕망의 실현 과정에 동반되고 있다는 점이다. 퇴폐와 방탕 행위의 이면에 '절망'과 '분노'와 같은 부정적 감정이 자리하고 있는 것이다. '頹廢한 饗宴속'에서의 '絕望的인 心火'와 '괴로운 憤怒'는 '賣淫婦'와 '淪落된 보헤미안'이 견지한 자기 성찰적 측면의 한 징후이다. 절망과 분노라는 감정의 원천적 행위인 관능과 퇴폐는 자족적인 것이 아니라, 타락한 세계에 대한 자기 응전의 한 방편으로 발현되는 것이다. 이것은 오장환이 부정적 상황에 대한 치열한 형상화를 통해 보여준 시적 윤리의 중요한 측면이며, 오장환 초기 시 연구에서 적극적으로 고려되어야 할 부분이다.[49]

자발적 타락이 자율적 근대화의 첩경이라도 될 수 있었다면 위악의 시학도 정치적으론 괜찮았으리라. 하지만 관능과 퇴폐가 고작 자기 좋으라고 숨어 즐기는 행위였다면 모를까 이처럼 더럽혀진 세상을 향한 응전應戰의 한 방식일 수 있었다면 시는 그나마 삶의 다행스런 도구였을 것이다. 매춘부의 처지가 민족 전체의 그것을 형상화한다는 증거는 없어도 어느덧 시인과 동일시된 보헤미안의 방황하며 괴로운 분노는 모두의 직무유기를 탓하려는 일말의 심사와도 맞닿고 있었다.

아예 '사람은 저 빼놓고 모조리 짐승이었다'며 개탄하는 시인은 장시의 형식 안에서 자기 학대의 틀을 갖춘다. 끝내 도발과 저항의 정치성을 갖춰 나라의 꼴마저 바꿀 저력까지 동원할 순 없었어도 시인이 기댄 퇴폐의 기운은 더없는 비장미와 단호함으로 당대의 답답한 현실과 홀연히 맞선다. 꺾일망정 휠 마음은 전혀 없으며 죽더라도 할 말은 다 하겠다는 의연함은 끈적한 반항의 자원으로 더없이 순수하다.

　港口여!
눈물이어!
나는 終是 悲哀와 憤怒속을 航海했도다.

　게집아, 술을 따루라.
잔잔이 가득 부어라!
自嘲와 絶望의 구덩이에 내 몸이 몹시 흔들릴 때
나는 嘔吐를 했다
三面記事를,
喀血과 함께 비린내 나는 病든 記憶을 ……

　어둠의 街路樹여!
바다의 方向,

오 限없이 凶측마진 구렝이의 살결과 같이
늠실거리는 거믄 바다여!
未知의 世界,
未知로의 憧憬,
나는 그처럼 물 우로 떠단이어도 바다와 同化치는 못하여
왔다.

… 중략 …

그년은, 마음까지 나의 마음까지 할터노아서
理由없이 웃는다. 나는
賭博과
싸움,
흐르는 코피!
나의 등ㅅ가죽으로는 배ㅅ가죽으로는
自暴한 뽀헤미안의 固執이 시루죽은 빈대와 같이 쓸 쓸 쓸
기어단인다.

港口여!
눈물이어!

나는
못쓰는 株劵을 갈매기처럼 바다ㅅ가에 날려보냈다.
뚱뚱한 게집은 부-연 배때기를 헐덕어리고
나는 무겁다.

雄大하게 밀리처 오는 오- 바다,
潮水의 쏠려옴을 苦待하는 病든 거의들!
濕疹과 最惡의 꽃이 盛華하는 港市의 下水口,
드러운 수채의 검은 등때기,
급기야
밀물이 머리맡에 쏠리어올 때
톡 불거진 두 눈깔을 휘번덕이며
너는 무서웠느냐?
더러운 구뎅이, 어두운 굴 속에 두 가위를 트리어박고

뉘우치느냐?
게거품을 북적어리며
쏠려가는 潮水를 부러히 보고
不平하느냐?
더러운 게거품을 북적어리며 ……

陰狹함 씨내기, 사탄의 落倫,

너의 더러운 껍데기는

일즉

바다ㅅ가에 소꼽노는 어린애들도 주어가지는 아니하였다.

—「海獸 : 사람은 저 빼놓고 모조리 짐승이었다」 부분

(『城壁』 1937. 7)[40]

정작 하룻밤을 같이 보낸 그녀는 누구이며 넋일랑 어찌 달랬는지도 불투명한 채, 시인의 분노는 하늘을 찌른다. '위로'는 분명 모두의 몫이건만 누구도 달랠 재간 없는 심사의 황폐란 너무나 오래도록 학습하고 그 소멸을 갈구해 왔던 터다. 기다리고 기다려도 구원의 가능성은 보이질 않고 아쉽고 절절한 동포의 속내만 타들어가는 나날 속에서 자유와 독립의 순간을 흔쾌히 담보하지 못하는 당장의 무능은 '애들도 물어가지 않을' 더러운 껍데기이자 죽음과 맞바꿔도 시원찮을 존재의 허무로 거듭나고 있었다.

그로부터 8년 뒤에 해방의 날이 다가오고 있었다는 건 생각보다 빨랐다. 그렇게 이른 날에 '도둑처럼' 다가올 해방이었더

라면 협력의 모습도, 저항의 형식도 크게 달랐어야 하지 않을까 되뇌게 만들며 패색 짙어지는 일본의 모습에 아연해하고 있었다. 갑작스런 자유 때문에 감동해야 할 걱정보다 이제는 관성이 되어버린 왜색과 그 풍미風靡하던 '타율의 나날'이 갑자기 멈춰버릴 이변이 두려웠던 셈이다. 홀로 걷고 스스로 판단해야 할 새로운 세월이 왜 그다지도 생소했던 것인지, 타성惰性의 정치화란 정녕 못된 주제이기에 충분했다.

협력의 대열에 스스로 앞장섰던 위인들이나 반대로 목 놓아 울며 거친 분노의 숨결을 직·간접으로 토해대던 민중의 전위들이나 해방공간에서 나란히 어깨하기란 버거웠다. 그것이 생존의 방식이자 처신의 합리성이었다는 궤변도 종당終當에는 각자도생各自圖生하던 식민의 나날과 타율의 세월을 벗어나는 만만한 핑계일 수 없었다. 자학과 위악의 자세도 뜨악하긴 매한가지였다. 기왕의 허무와 무기력으로 의식을 재촉해대던 퇴폐의 몸짓도 느닷없는 해방의 나날 앞에선 무안無顔하고 나른하기만 하였다. 목타는 나날 속에 마주하게 된 거대한 호수. 갑자기 나타난 신기루는 본시 자기의 '것'이었건만 몸에 맞지 않는 '옷'처럼 도대체가 새롭기만 하였다.

애당초 자기 몸을 던져 얻은 자유였다면 무기력과 무안함도 느낄 겨를이 어디 있었으랴. 때문에 소리쳐 환호하고 구르며 좋아해도 감격의 입체성이란 무디기만 하였다. 게다가 부자연스러웠다. 선물처럼 받은 자유의 대가가 그런 건지 사람들은 입맛 다시며 더 큰 대가를 요구하는 외세의 폭력 앞에 다시 주눅들 채비로 몸서리만 쳐대고 있었다.

주

1 그러나 '내용'이 '형식' 마저 결정하는 건 아니었다. 양과 질에서 균형을 맞출 정도로 퇴폐의 주제를 풍성하게 다룬 것도 아니다. 퇴폐를 작품 중심에 놓은 작가군의 부피는 차치하고라도 이들을 특히 학문 대상으로 설정한 후발 연구자들의 결과물도 그리 풍요롭진 않다. 이 같은 현상은 '퇴폐'가 곧 한국문학의 중심이 될 수 없던 저간의 속내를 감안하면 충분히 예견 가능한 일이었을 것이다. 다만 제한된 연구의 층위를 감안하더라도 이 땅의 문학은 무엇을 퇴폐로 보는지, 게다가 그것이 문학 주변과 어떻게 관계 맺고 있는지 명쾌한 규명은 기대하기 어렵다. 한국문학 속의 퇴폐를 다룬 단행본과 논문 사이의 불균형은 두드러진다. 주목할 것은 연구의 절대다수가 '강점기 퇴폐'로 쏠린다는 점이다. 단행본은 극히 제한적인 데 반해 논문을 통한 퇴폐 논의는 압도적이다. 둘 사이의 양적 역조逆調에 관해서는 다음 참조할 것. 김예림, 『1930년대 후반 근대인식의 틀과 미의식』(서울 : 소명출판, 2005) ; 신범순, 『한국현대시의 퇴폐와 작은 주체』(서울 : 신구문화사, 1998); 양애경, 『한국 퇴폐적 낭만주의 시 연구』(서울 : 국학자료원, 1999) ; 전미정, 『한국 현대시와 에로티시즘』(서울 : 새미, 2002) ; 강민호, "이금발李金髮 시詩의 퇴폐미에 대한 소고小考," 영남중국어문학회(편), 『중국어문학』 제50호(2007), pp. 47–75 ; 계정민(Joeng Meen Gye), "Journey into Modern Literature Realism, Naturalism, Pre–Raphaelitism, Aestheticism, and Decadence," 근대영미소설학회(편), 『근대 영미소설』 제9집 1호(2002), pp. 165–180 ; 공임순, "자기의 서벌턴화와 코스모폴리탄이라는 이념형 : '전향'과 김남천의 소설,"

상허학회(편), 『상허학보』 제14호(2005), pp. 71-102 ; 곽명숙, "1920년대 초기시의 미적 초월성과 상징주의," 서울대학교 규장각 한국학연구원(편), 『한국문화』 제40집(2007), pp. 101-125 ; 권명아, "식민지 경험과 여성의 정체성 : 파시즘 체제하의 문학, 여성, 국가," 한국근대문학회(편), 『한국근대문학연구』 제6집 1호(2005), pp. 71-114 ; "식민지 내부의 감각의 분할과 정념의 공동체 : 병리학에서 정념-론으로의 전환을 위한 시론," 동아대학교부설 석당전통문화연구원(편), 『석당논총』 제53집(2012), pp. 1-46 ; 권성우, "임화, 혹은 세 가지 저항의 방식," 한국문학연구학회(편), 『현대문학의 연구』 제33호(2007), pp. 35-62 ; 김면수, "이상 소설과 '요부妖婦' : '금홍錦紅'을 중심으로," 한국여성문학학회(편), 『여성문학연구』 제5호(2001), pp. 163-187 ; 김병구, "염상섭의 『광분狂奔』론," 반교어문학회(편), 『泮矯語文研究』 제30호(2011), pp. 205-231 ; 김수이, "임화의 서정주 시 비평의 논리와 근거 : 임화의 비평에 나타난 시차視差, 2" 어문연구학회(편), 『어문연구』 제63호(2010), pp. 271-294; 김예림, "1930년대 후반 몰락/재생의 서사와 미의식 연구," 연세대학교 대학원 국어국문학과 박사학위논문(2003) ; 김인환, "작품분석과 사회분석 : 퇴폐문제," 고려대학교 민족문화연구소(편), 『민족문화연구』 제18호(1984), pp. 1-51 ; 김종근, "식민도시 경성京城의 유곽공간 형성과 근대적 관리," 한국문화역사지리학회(편), 『문화 역사 지리』 제23권 1호(2011), pp. 115-132 ; 김주리, "식민지 시대 소설 속 온천 휴양지의 공간 표상," 서울대학교 규장각 한국학연구원(편), 『한국문화』 제40호(2007), pp. 127-155; 김지영, "'기괴'에서 '괴기'로, 식민지 대중문화와 환멸의 모더니티," 한림과학원(편), 『개념과 소통』 제5호(2010), pp. 39- 78 ; "식민지 대중문화와 '청춘' 표상," 한국학중앙연구원(편), 『정신문화연구』 제34집 3호(2011), pp. 145-182 ; 김학균, "1920년대 장편소설의 여성 초점화와 근대적 주체 : 『환희』, 『재생』, 『이심』을 중심으로," 한국문학연구학회(편), 『현대문학의 연구』

제42집(2010), pp. 311-333 ; 김항, "'결단으로서의 내셔널리즘'과 '방법으로서의 아시아' : 근대일본의 자연주의적 국가관 비판과 아시아," 성균관대학교 대동문화연구원(편), 『대동문화연구』 제65집(2009), pp. 487-521 ; 남기혁, "서정주 초기시의 근대성 재론 : '육체'와 '직정언어'의 문제를 중심으로," 한국문학언어학회(구 경북어문학회)(편), 『어문논총』 제53호(2010), pp. 313-350 ; "오장환시의 육체와 퇴폐, 그리고 모럴의 문제 : 해방 이전의 시 창작을 중심으로," 한국문학이론과 비평학회(편), 『한국문학이론과 비평』 제54집(2012a), pp. 155-190 ; "정지용 초기시의 '보는' 주체와 시선의 문제 : 식민지적 근대와 시선의 계보학(2)," 한국현대문학회(편), 『한국현대문학연구』 제26집(2008), pp. 161-201 ; "해방기 시에 나타난 윤리의식과 국가의 문제 : 오장환과 서정주의 해방기 시에 대한 비교를 중심으로," 한국문학언어학회(구 경북어문학회)(편), 『어문논총』 제56호(2012b), pp. 183-214 ; 노현미, "근송近松의 삼대 간통극 일고찰 : 주인공의 의지를 중심으로," 한국일본어교육학회(편), 『일본어교육』 제37집(2006), pp. 193-214 ; 박광현, "다카하시 도오루와 경성제대 '조선문학' 강좌 : '조선문학' 연구자로서의 자기동일화 과정을 중심으로," 서울대학교 규장각 한국학연구원(편), 『한국문화』 제40집(2007), pp. 27-57 ; 박근예, "단층파 문학 연구," 이화여자대학교 대학원 국어국문학과 석사학위논문(1999) ; 박선영, "서정주 초기 시에 나타나는 감금의 공간 메타포 연구," 어문연구학회(편), 『어문연구』 제56호(2008), pp. 417-440 ; 박승희, "1920년대 데카당스와 동인지 시의 재발견," 한민족어문학회(편), 『한민족어문학』 제47호(2005), pp. 311-334 ; 박정석, "오장환 초기 시의 감정과 비극성," 민족어문학회(편), 『어문논집』 제66호(2012), pp. 335-361 ; 박종성, "강점기 조선정치의 문학적 이해 : 염상섭의 『광분狂奔』과 관련하여," 서울대학교 한국정치연구소(편), 『한국정치연구』 제7호·공삼 민병태 교수 20주기 추모특집(1997), pp. 319-348 ; 박호영, "일제강점기 혁명적 낭만주의 이입 연구 : 바이런과 셸리를 중심으로," 한중인문학회(편), 『한중인문학연구』 제28호(2009), pp. 19-38; 백운복, "오장환의 시 연구," 한국문학이론과 비평학회(편), 『한국문학이론과 비평』 제4집(1999), pp. 237-263 ; 손미란·노상래, "현실과 이상의 간극 메우기 : 김남천의 『사랑의 수족관』을 중심으로," 한민족어문학회(편), 『한민족어문학』 제52호(2008), pp. 361-398 ; 손영림, "퇴폐와 휴매니즘에 있어서의 파시즘문학 : 특히 독일문학을 중심으로," 부산대학교 교양과정부 『논문집』 제1집(1970), pp. 65-82 ; 신범순, "30년대 문학에 있어서 퇴폐적 경향에 대한 논의," 관동대학교(편), 『관대논문집』 제24집 2호 (1996), pp. 323-340 ; 신승모, "식민지시기 '경성京城'의 문화지정학적 위상에 관한 연구," 서울시립대학교 서울학연구소(편), 『서울학연구』 제38호(2010), pp. 105-149 ; 신지연, "1920-30년대 '동성(연)애' 관련 기사의 수사적 맥락," 고려대학교 민족문화연구원(편), 『민족문화연구』 제45호(2006), pp. 265-292 ; 신필주, "1920년대 한국시에 나타난 시의식 : 오상순·변영로·이상화를 중심으로," 이화여자대학교(편), 『한국어문학연구』 제13집(1973), pp. 131-165 ; 신하경, "일제 말기 '조선붐'과 식민지 영화인의 욕망 : 영화 『반도의 봄半島の春』을 통해," 경원대학교 아시아문화연구소(편), 『아시아문화연구』 제23호(2011), pp. 79-106 ; 안미영, "이태준 소설에 나타난 유곽의 의미," 한국현대소설학회(편), 『현대소설연구』 제18호(2003), pp. 219-241 ; 오세인, "1920년대 초 '거리(街)'의 시적 표상화 양상 연구 : 김억, 김소월, 박종화의 시를 중심으로," 한국비평문학회(편), 『비평문학』 제45호(2012), pp. 337-368 ; 유선영, "'동아東亞' 트라우마, 제국의 지정학적 공간과 '이등신민'의 정치학," 한국사회사학회(편), 『사회와역사』 제94호(2012), pp. 217-259 ; "동원체제의 과민족화 프로젝트와 섹스영화 : 데카당스의 정치학," 성곡언론문화재단(편), 『언론과 사회』 제15집 2호(2007), pp. 2-56 ; 이경훈, "긴자銀座의 추억 : 식민지 문학과 시장," 한국문학연구학회(편), 『현대문학의 연구』 제39집(2009), pp. 309-344 ; 이승하,

"1920년대 초기 번역시에 나타난 '퇴폐성' 연구," 한국문예창작학회(편), 『한국문예창작』 제6권 2호(2007), pp. 7-36 ; 이영수, "Lawrence의 초기소설에 나타난 데카당스 콤플렉스," 한국로렌스학회(편), 『D.H.로렌스연구』 제10권 1호(2002), pp. 143-164 ; 이은애, "1930년대 불안, 퇴폐문학 논의에 대한 연구," 한국현대문예비평학회(편), 『한국문예비평연구』 제4호(1999), pp. 341-366 ; 이주연, "염상섭 장편소설의 도시공간연구 : 공적 공간과 사적 공간을 중심으로," 국민대학교 교육대학원 국어교육전공 석사학위논문(2007) ; 이태숙, "염상섭의 20년대 연애소설과 유학의 경험," 한중인문학회(편), 『한중인문학연구』 제29집(2010), pp. 231-252 ; 이태훈, "1930년대 후반 '좌파지식인'의 전체주의 인식과 한계 : 서인식을 중심으로," 역사문제연구소(편), 『역사문제연구』 제24호(2010), pp. 81-124 ; 이헬렌, "나카지마 아쓰시의 조선소설 : 식민지 도시공간 '경성'을 중심으로," 성공회대학교 동아시아연구소 기획/유선영·차승기 엮음, 『'동아' 트라우마 : 식민지/제국의 경계와 탈경계의 경험들』(서울 : 그린비, 2013), pp. 219-236 ; 임지예, "1930년대 소설에 나타난 병적 인간 연구 : 이상·최명익·단층파 소설을 중심으로," 국민대학교 교육대학원 교육학과 국어교육전공 석사학위논문(2008) ; 정수국, "상징파 시와 인생의 비애의식," 한국중국현대문학학회(구 중국현대문학회)(편), 『중국현대문학』 제19호(2000), pp. 87-105 ; 조은주, "1920년대 문학에 나타난 허무주의와 '폐허'의 수사학," 한국현대문학회(편), 『한국현대문학연구』 제25집(2008), pp. 7-40 ; 주은우, "식민지도시와 근대성의 영화적 재현 : 기록영화 〈경성〉과 식민권력의 자기재현" 한국사회사학회(편), 『사회와역사』 제92호(2011), pp. 39-91 ; 진순애, "니힐리즘과 시의 탈근대성," 현대문학이론학회(편), 『현대문학이론연구』 제29호(2006), pp. 357-380 ; 한민주, "일제말기 소설 연구 : 파시즘의 소설적 형상화를 중심으로," 서강대학교 대학원 국어국문학과 박사학위논문(2005) ; 한성철, "1920년대 한국문학에 끼친 이탈리아 데카당스 영향 연구," 단국대학교 대학원 국문학과 현대문학전공 박사학위논문(1996).

2 박종성, 『문학과 정치 : 억압과 우울의 나날, 그리고 병病든 근대』(고양 : 인간사랑, 2004), pp. 235-236.

3 위 책, pp. 236-237.

4 박종성, "강점기 조선정치의 문학적 이해 II : 이상李箱과 서인식의 경우," 서울대학교 한국정치연구소(편), 『한국정치연구』 제14집 2호(2005), p. 24.

5 박종성(2004), 앞 책, pp. 239-240.

6 그는 이상 말고도 이효석과 최명익을 퇴폐주의 반열에 넣는다.

7 임종욱은 이렇게 집약한다. "이상은 합방이 되던 해에 태어났다. 그리고 일제의 야욕이 극으로 치달아가는 시점에서 삶을 마쳤다. 그것도 도쿄에서 일본 경찰에 체포되어 한 달을 조금 넘게 심문을 받고 석방된 뒤 또 한 달을 병자로 살다 죽었다. 고은의 말처럼 이상은 온전하게 식민지 시대 지식인이었다. 합방 조약이 1910년 8월 22일에 체결되었고, 이상은 그 해 9월 23일(음력으로는 8월 20일)에 태어났다. 그가 순수한 '조선인'으로서 산 기간은 생애의 단 하루도 없었다. 그는 민족이나 식민지 문제와는 거리가 먼 삶을 살았다고 말해지지만, 그 말을 액면 그대로 받아들여 이런 문제에 대한 아무런 인식도 가지지 못했다는 사실을 바탕으로 접근해보아도 그는 식민지 시대가 낳은 가장 큰 피해자였다. 또 그런 일련의 판단에 대한 일말의 의구심을 지울 수 없는 것도 솔직한 내 판단이었다. 이상은 과연 무슨 생각과 행동을 하면서 식민지 시대를 살다 죽었던 것일까? 그는 왜 체포되어 긴 시간 구금 상태에서 벗어나지 못했던 것일까? 이것이 내게는 큰 의문점이었다." 임종욱, 『이상은 왜? 1 : 그 해 겨울의 까마귀』(서울 : 자음과모음, 2011), pp. 87-88 ; "퇴폐와 열정은 그를 지탱해온 모순된 자양분이었다. 열차가 종착역에 닿으면 석탄도 바닥이 나듯이 인간의 생애도 종생에 가까워지면 활력은 소멸을 향해 치닫는 법이다. 동경을 향해 떠날 무렵 이상은 그 조짐들을 하나하나 체감했다. …… 결핵과 극빈이 그의 육신을

잔인하게 파괴하려 든다면, 그래 좋다! 그러라고 하렴. 나는 파괴 불가한 이념과 언어를 찾음으로써 불멸의 존재를 쟁취할 것이다. 그것이 부조리한 현실에 대한 저항이자 승리며 복수였다. 그러므로 경성에서 이탈한 것은 현실에 대한 패배를 선언하는 백기이면서 불완전한 현실을 넘어 불멸로 전진하기 위한 교두보를 확보하려는 시도였다. 더 이상 이상은 박제이고 싶지 않았다. 그 시도는 더욱 고통스러웠고 외로움을 수반했다. 최소한의 박수마저도 그는 기대할 수 없었다. …… 사과 한 알이 떨어졌다. **地球**는 부서질 그런 정도로 아팠다. **最後**. 이미 **如何**한 **精神**도 **發芽**하지 아니한다." 임종욱, 『이상은 왜? 2 : 박제를 넘어 영원으로 날다』(서울 : 자음과모음, 2011), pp. 12–13, p. 16.

8 차승기, "'근대의 위기'와 시간 – 공간 정치학 : 교토학파 역사철학자들과 서인식," 한국근대문학회(편), 『한국근대문학연구』 제8호(2003), p. 260.

9 차승기, 『반근대적 상상력의 임계들 : 식민지 조선 담론장에서의 전통·세계·주체』(서울 : 푸른역사, 2009), p. 212.

10 이혜진, "서인식의 역사철학과 쇼와비평의 문제들," 한민족문화학회(편), 『한민족문화연구』 제37집(2011), p. 7.

11 레닌의 초기사회주의 활동을 집약하는 「이스크라Iskra」의 메시지나 시작은 미미해도 결과는 창대할 것을 내다본 모택동의 「한 점의 불꽃이 광야를 불태운다**星星之火 可以燎原**」를 연상함은 자유일 것이다. 하다못해 동아협동체 대신, '농촌으로부터의 도시포위'를 통한 모毛의 사회주의 혁명전략이 강점기 조선에서는 왜 담보되기 어려웠던 것인지 작가가 고민했던 흔적은 찾아보기 힘겹다.

12 차승기·정종현 엮음, 『서인식전집 II : 신문·잡지편』(서울 : 역락, 2006), pp. 365–366.

13 이에 관해서는 이태훈, 앞 글, p. 118 참조할 것.

14 한명숙·홍세원, "해체현상에 의한 메이크업의 그로테스크적 특성에 관한

연구," 한국메이크업디자인학회(편), 『한국메이크업디자인학회지』 제2집 1호(2006), p. 19.

15 이에 관해서는 한성철, 앞 글 참조할 것.

16 조영복, 『1920년대 초기 시의 이념과 미학』(서울 : 소명출판, 2004), pp. 135-142.

17 1920.7.25창간→1921.01.20종간[창간인 고경상] ; 동인은 김억·남궁벽·이혁로·김영환·나혜석·김찬영·염상섭·오상순·김일엽·황석우·민태원·이익상 등이다. 창간호는 국판 129쪽. '폐허'란 이름은 실러의 "옛 것은 멸하고 시대는 변하였다. 내 생명은 폐허로부터 온다."라는 시구에서 따온 것이다. 후기에 "우리가 황량난막한 조선의 예원을 개척해 거기다 무엇을 건설하고 부활하고 이식하여 백화난만한 화원을 만들어 놓으면 그것이 세계 예원의 내용, 외관을 더 풍부하게 하는 것이 아닌가"라며 발행 취지를 밝힌다. 1921년 1월 20일 통권 2호로 종간한다. 호기 있게 출발한 잡지가 단 두 번만으로 종언을 고하는 현상은 어떻게 이해해야 할까. http://terms.naver.com/entry.nhn?cid=543&docId=337353&mobile&categoryId=543.

18 이에 관해서는 다음 연구결과 주목할 것. 양애경, 앞 책 ; 곽명숙, 앞 글 ; 오세인, 앞 글 ; 박승희, 앞 글 ; 조은주, 앞 글 ; 이승하, 앞 글 ; 신필주, 앞 글 ; 신범순, 앞 글.

19 김예림, 앞 책, pp. 85-89, *passim*.

20 김오성, "네오 휴마니즘론," 《조선일보》 1936.10.1.

21 신범순, 앞 책, p. 34.

22 필자 주註.

23 백철, 『조선신문학사조사 현대편』(서울 : 백양당, 1950), pp. 189-190.

24 백철, 『신문학사조사』(서울 : 신구문화사, 1983), pp. 147-148.

25 이승하, 앞 글, p. 31.

26 1923년 창간→1925년 5월 종간 ; 손진태·양주동·백기만·유엽 등이 창간한 시 중심의 문예동인지다. 편집인 겸 인쇄에 유엽, 발행인에 일본인 야나미사와柳美澤美子, 장정裝幀은 안석주가 맡는다. 1923년 11월 9일 대동인쇄주식회사에서 인쇄하여 그 해 11월 10일 금성사에서 발행하고 1925년 5월 통권 제3호로 종간한다.

27 이에 관해서는 백철 자신도 분명히 지적한 바 있다. 백철(1983), 앞 책, p. 180.

28 이승하, 앞 글, p. 8 ; 앞서 밝힌 대로 백철이 1920년대 전반기 조선 문학을 총괄하여 그 '퇴폐성'을 기정화하자 조연현이 이를 일정 부분 수용하면서 반박한 일을 이른다. 조연현은 『폐허』의 퇴폐주의가 19세기말 유럽에서 등장한 세기말적 '데카단이즘'이 아니라 변형된 낭만주의의 한 요소였다고 주장한다. 조연현, 『한국현대문학사개관』(서울 : 정음사, 1964), p. 130. 그러나 그의 이 같은 생각은 김동리의 그것을 원류로 삼는다. 조연현은 차후 이렇게 말한다. "김동리는 다음과 같은 明瞭명료한 解釋해석을 내리고 있다. '『廢墟폐허』派파의 『廢墟폐허』 的적 意識의식은 頹廢主義퇴폐주의보다 浪漫主義的낭만주의적인 것이 本質본질이다. 浪漫主義낭만주의의 「感傷감상」的적 「耽溺탐닉」的적 要素요소를 그들 『廢墟폐허』 派파 自身자신이나 그 뒤의 批評家비평가들이 頹廢主義퇴폐주의로 錯覺착각했던 것이다. 이것은 頹廢主義퇴폐주의로 自處자처했던 黃錫禹황석우가 自己자기들의 頹廢主義퇴폐주의의 本質본질을 說明설명한 文章문장 가운데서 「知的·搐涙期前後지적·축루기전후에 在재할 靑年청년의 心理심리는 一種일종의 無政府的무정부적 世紀末的頹廢狀態세기말적퇴폐상태를 呈정한다. 그 特質특질로서는 物물에 느끼기 쉽고 또한 까닭 없이 서글프며 따라서 눈물에 弱약해진다. 그러나 何等하등 根底근저 없는 自慢心자만심이 높아서 함부로 權威者권위자에게 反抗반항하고 싶게 된다.」 한 것을 보면 더욱 瞭然요연해진다. 靑年期間청년기간의 「物물에 느끼기 쉽고」 「까닭 없이 슬프고」

「눈물에 弱약하고」「何等하등 根底근저 없는 自慢心자만심이 높으고」 이것은 世紀末的頹廢主義세기말적퇴폐주의가 아닐 浪漫主義的氣質낭만주의적기질을 說明설명하는 데 지나지 않는다. −1955년 「藝術院報예술원보」 제1호− 明晳명석한 위의 判斷판단에 依의하면 『廢墟폐허』의 頹廢的퇴폐적인 傾向경향은 오히려 하나의 浪漫的낭만적인 傾向경향이었다고 解釋해석하는 것이 正當정당한 것이 된다. 그러나 『廢墟폐허』의 이러한 頹廢的퇴폐적 혹은 浪漫的낭만적인 傾向경향은 위에서 말한 바와 같이 『廢墟폐허』의 全部전부인 것은 아니었다." 조연현, 『한국현대문학사』(서울 : 성문각, 1974), pp. 208–209.

29 민요조 서정시와 카프시, 한용운과 주요한 등도 20년대를 관통하는 메이저 시인이었고 보면 백철과 조연현처럼 20년대 한국시 전부를 싸잡아 퇴폐주의문학이라고 일컫는 건 어불성설이라고 이승하는 단언한다. 이승하, 앞 글, p. 33. 하지만 이건 너무 민감한 분석 아닐까. 바로 앞선 인용대로 백철은 그렇게 보편화한 적이 없다. 조연현도 마찬가지다. 강점기의 '퇴폐'란 농후한 '징후' 즉, '증세'의 문제였지 고착화된 현상이라거나 과학의 근거를 들이밀며 반증을 요구할 사단까진 아니지 않았을까.

30 백철(1983), 앞 책, p. 161.

31 이에 관해서는 다음 참조할 것. 김재용, 『협력과 저항 : 일제 말 사회와 문학』(서울 : 소명출판, 2005), p. 117.

32 박선영, 앞 글, p. 422.

33 윗 글, p. 424.

34 이에 관해서는 권성우, 앞 글; 김수이, 앞 글 참조할 것.

35 그는 아예 단독 평론으로 서정주를 적극 상찬賞讚하는 글까지 마다치 않는다. 임화, "현대의 서정정신 : 서정주 단편斷片," [『신세기』(1941.1)] 임화문학예술전집 편찬위원회(엮음), 『임화문학예술전집5 : 평론2』(서울 : 소명출판, 2009), pp. 290–295.

36 임화, "시단詩壇은 이동한다," 임화문학예술전집 편찬위원회(엮음), 위 책, pp. 262–264.

37 "혁명은 안 되고 나는 방만 바꾸어버렸다. 그 방의 벽에는 '싸우라 싸우라 싸우라'는 말이 헛소리처럼 아직도 어둠을 지키고 있을 것이다"로 시작하는 김수영의 「그 방을 생각하며」(1960)나 "껍데기는 가라. 사월도 알맹이만 남고 껍데기는 가라"던 신동엽의 「껍데기는 가라」(1967)는 혁명의 미완이 주는 독한 아쉬움과 일찍이 해내지 못하였던 자책의 정서를 한결같이 넘치도록 담는다.

38 남기혁(2010), 앞 글, pp. 329–330.

39 임화, 앞 글, p. 265.

40 이에 관해서는 김재용, 앞 책, pp. 142–145.

41 임화, 앞 글, pp. 264–265.

42 논의의 폭을 좁혀 식민의 시대를 관통한 전쟁기 퇴폐나 파시즘의 사회통념으로 그 의미를 헤아리려면 다음 참조할 것. 권명아, 『역사적 파시즘 : 제국의 판타지와 젠더 정치』(서울 : 책세상, 2005), pp. 293–343.

43 오장환의 시문학 분석으로는 남기혁(2012a), 앞 글; (2012b), 앞 글; 박정석, 앞 글 ; 양애경, 앞 책, pp. 332–344 참조할 것.

44 양애경, 위 책, p. 288.

45 그렇다한들 역사를 거슬러 '개벽'을 도모할 재간도 없고 이미 더렵혀진 대지를 세척할 능력이란 누구에게도 담보할 수 없으니 말이다. 재조선 일본인의 눈에 비친 경성의 모습으로는 이헬렌, 앞 글, p. 228 참조할 것.

46 김학동 엮음, 『오장환 전집』(서울 : 국학자료원, 2003), p. 26.

47 박정석, 앞 글, p. 346.

48 김학동 엮음, 앞 책, p. 27.

49 박정석, 앞 글, pp. 346–347.

50 김학동 엮음, 앞 책, pp. 412–420.

Ⅳ. 해방공간의 자조自嘲 : 충동과 잠행, 아니면 자학

싸워서 얻지 않고 선물로 받은 자유의 대가는 가혹했다. 분단과 전쟁 비용은 물론 거기서 샘솟은 온갖 통증은 완료 시제로 돌아보는 회한의 산물이 아니라 엄연한 진행형이어서 한층 익숙하고 무딘 형국이다. 독립의 자발성이나 해방의 자율성이 전혀 보이지 않던 정치적 한계에 관해서야 앞서 밝힌 바 있지만 나라를 옥죄던 식민권력이 하는 수 없이 놓아버리자 풀려난 상황도 몸부림치며 바라던 이들에겐 감동의 대상으로 다가오고 있었다.

그러나 끝내 떨치지 못할 부끄러움으로 인하여 '그건' 이내 식어버릴 열기 같은 것이었다. 오랜 통증을 이겨낸 세월의 보답으로 '해방'을 바라보거나 나아가 수동적 저항일망정 피나는 투쟁의 결과로 '광복'을 인식하려는 자세는 역사를 한껏 부풀려보려는 의도적 결과일 따름이다. 식민의 세월을 견뎌낸 고통의 궤적이 아무리 혹독하고 또 그 물리적 주체의 행보 모두가 대견했다 하더라도 일본제국주의자들의 지배를 민족이 '단결하여 타도하지 못한 것'은 유감이자 '모두의 수치'였다.[1]

투쟁의 역사가 자긍의 심리와 관련이 있다면 고통의 기억은 후회의 감정과 통한다.[2] 게다가 그 후회가 부끄러움의 텃밭이 되는 것도 자연스런 일이었다. 고통의 대가를 뾰족이 보상받지 못하거나 아예 외부의 막강한 힘에 의해 통째로 빼앗기기라도 할라치면 후회의 감정에 수치심까지 덧씌워지는 일이야 시간문제일 것이다. 그렇다고 이미 기정화한 정치적 변화를 부인할 수도 없는 노릇이고 보면 '감격'과 '부끄러움'은 차라리 민중 전체가 영영 끌어안고 가야할 내면의 평행선이었을 것이다.

어느 한쪽이 다른 한쪽을 세압하거나 동시에 상쇄해 버릴 수도 없는 대등한 운명처럼 모두를 내면화하거나 혹은 체화體化 corporealization해야만 했던 것이 해방공간의 민중 전체가 견뎌야 할 정치적 콤플렉스였다. 문제는 그러나 이 같은 이중성의 공존으로만 모아지지 않고 있었다. 감동의 열기는 의외로 빨리 식어가고 있었다.[3] 해방이 불러온 격정과 흥분의 나날은 압박과 구속의 부재로 일컬어지는 정치적 자유의 급속한 팽배와 주로 관련된 것이었을 뿐 정작 중요한 경제적 평등과 행복의 영역과는 상관이 없었다.

바꿔 말하자면 '해방의 감격'은 정치적 부문이었을 뿐, '사회·경제·문화' 전 영역에 걸친 광범위한 감동마저 담보할 가망은 없었다. 그만큼 '엄청난' 그리고 '고른' 충격 효과를 동원하진 못한다. 특히 정치적 주권의 맹아적 발현만큼이나 중요한 경제자립과 부의 균형 분배가 수월하지 않았다는 건 식민으로부터의 해방만으로 감격의 기쁨을 지탱한다는 것이 얼마나 허약한 일인지 절감하게 만든다.

정치적 감동이 경제와 사회의 그것을 담보하지 못하는 현실은 해방이 주는 자유의 조건이 되레 식민의 구속보다 못하다는 역설 효과마저 동원하고 있었다.[4] 그도 그럴 것이 분단현실 위에 과거 일본이 앉던 자리를 미국과 소련이 대신하는 형국은 외세의 지배구조가 사라지지 않고 타율적 자유를 받아들인다는 게 엄청난 부담임을 일깨우기 충분했기 때문이다. 게다가 자존심은 물론 경제의 인프라라곤 모조리 빼앗긴 땅 위에 던져진 자유란 '빛 좋은 개살구'에 지나지 않음을 깨닫는 데에도 그리 오랜 시간은 필요치 않았다.

미웠지만 그리도 부럽던 일본은 이제 뒤늦은 자유의 공간 속에서 야속하며 얄궂은 나라로 변해가고 있었다. 갈구하고 몸부림치던 자유였으나 감당치 못할 거대가치의 하나로 바뀐 '그것'

은 없느니만 못한 '허울'이었다. '위악'과 '자학'을 골자로 삼던 강점기의 퇴폐도 시들하긴 매일반이었다. 이제 정작 저항의 대상을 잃어버린 해방 후 퇴폐란 또 어떠했을까. 그 역시 두 번 초라해지는 '내키지 않는' 개념이자 불필요한 사회적 독초쯤으로 변질되고 있었다면 바른 표현일까.

퇴폐의 정치적 도발성은 어느덧 빛바래고 있었다. 기껏해야 그건 살길 막막해진 인간들의 호구지책에 묻어난 소품들이거나 어쩌다 이를 꼬집는 저돌적 형용사의 하나쯤이었을 뿐, 자기만의 '영토'를 마련할 재간은 따로 없었다. 해방이 불러온 감격의 입체성이란 그만큼 구조적이지 않았다. 감격은커녕 며칠간의 흥분이 이내 악다구니로 바뀌는 일이야 허다했고 머잖아 펼쳐질 광복의 삶은 당장 팍팍하기만 하였다. 그래서 감동의 동전 뒷면에 새겨지는 부끄럼의 그림자인량 한결 어둡게만 익어가고 있던 터였다.

'부-연 배때기를 헐덕어리던' 오장환의 '뚱뚱한 게집'은 정작 어디로 갔던 것일까. 역사의 통증까진 관두더라도 시인과 함께 객고客苦의 통한痛恨이나마 토로할 처지였다면 '여인'은 덜 불행하였을 것이다. 그것이 낭만이었든, 객쩍은 정치였든 상관없이 말이다. 정녕 답답하였던 것은 그때나 달라진 세상에서나 막상 달라질 것 없는 '그녀'(들)의 삶이었다. 무너뜨리고 싶었으나 꿈쩍도 않던 식민 권력의 언저리나마 객기어린 항심抗心과 인문의 호기豪氣로 덤벼들던 시인의 무장력하며 그와 함께 불태우던 여인의 하룻밤 광란도 해방 공간의 척박함에 비하면 찬란했던 편이다. 승패와 관계없이 대들고 노려볼 상대가 있다는 건 적어도 긴장의 건강성을 담보할 뿐 아니라 저항의 대상을 잃어버린 경우보다 한층 행복하기 때문이다.

저항의 긴장도 사라지고 도발의 흥분도 묽어져버린 포스트식민의 조건은 퇴폐의 설자리를 크게 위축시켜 버린다. 비유컨대, '주인 없는 손님'이거나 '반항의 이유를 상실한 권력' 같은 것이었다. 누구도 수그러들려 하지 않는 공동의 이반離叛과 일탈의 정치화 과정 속에서 만만한 속죄의 매개물로 인용되는 의외의 현상도 일반화되고 있었다. 누군가는 낙인찍혀야 하고 어딘가는 만만한 통제의 대상으로 도드라져야 할 사회적 필요란 뒤늦은 자유의 시대가 억지로라도 파야 했던 '덫'이요, 국가가 드리워야 할 '그물'이었다.

아무리 상황이 바뀌고 이를 조종하는 힘의 막후가 복잡해졌다 해도 삶의 조건을 옥죄던 폭력의 정체는 여전하였다. 그에 거침없이 맞서지 못하던 모두의 정치적 무능 역시 한결 같았다. 때문에 변함없이 무기력했고 어김없이 자신을 탓해야만 했던 저 오랜 조롱의 패러독스가 민중의 내면을 후벼 파는 일들일랑 이어지고 있던 터였다. 더욱 외롭고 쓸쓸하게 변한 존재들의 퇴폐란 그래서 위험한 독기와 우울로 버무려진 자기방호의 동물성마저 드러내고 있었다. 누구도 자기를 대신 막아줄 이는 없다는 절대 고독과 함께.

꺼져가던 퇴폐의 면역력이 다시 살아나던 것도 이즈음이었다. 해방은 그래서 '짐'이자 '힘'이었다. 제 스스로 버텨나가기 위해서라도 퇴폐는 자기방호 논리를 펴고 자강自彊의 근거를 넓히려 궁리하고 있었다. 현상이자 삶의 조건인 퇴폐의 정치성은 결국 시대변화와 관계없이 현실을 거부하고 그에 역행하려는 저항의 동력을 늘 핵심자원으로 삼는다. 식민권력의 폭력적 압제를 향한 문화도발의 수단으로 인문학과 결합하던 퇴폐에서 보았듯, 새로운 정치 조건 속에서 또 다시 배양된 퇴폐의 기류는 공허한 권력중심은 물론 이를 끝내 숙성시키지 못한 민중 역량의 타율성과 그 내재적 한계를 염증의 표적으로 설정한다.

역사적 '못남'과 정치적 '무능'을 의식한 자기 조롱적 부정은 해방 공간의 퇴폐가 자기 정체를 갖춰나갈 또 다른 문화토양이 된다. 그것은 민중의 요구를 제대로 수용·해결하지 못한 국가의 대응능력 부족과 정부의 빈곤을 고스란히 반증하기도 했고 권력의 존재이유가 전혀 무의미했던 근거로 작동하기도 한다. 여기서 말하려는 퇴폐 현상의 구체적·물리적 논거 가운데 경험적 근거로 인용할 대표사례의 하나가 바로 매매춘이다.

성적 쾌락을 추구하는 인간의 본능을 국가가 직접 통제한다거나 아예 죄악으로 단정함은 무리이지만 삶의 한 방편으로 성을 매매대상으로 인식하려는 '손쉬운' 행태가 사회 곳곳의 지하문화로 확산되는 현상은 막아야 할 과업이었다. 하지만 국가와 정부는 거기까지 손길이, 아니 눈길 자체를 보낼 여력도 겨를도 없었다. 오죽하면 생계 수단으로 몸을 팔아야만 할 필요를 나라가 전혀 제어하지 못하는 상황이 지속적으로 용납되고 있었던 걸까.

1946년 8월 25일, 《서울신문》에 발표한 최태응의 단편 「매춘부」는 이를 극적으로 잘 말해준다. 그의 소설 문학이 비록 또 하나의 작위적 르포 라이팅이나 허구적 픽션이었다 해도 그것을 '거짓'으로만 볼 수 없는 건 작품에 내재된 진정성과 사회적 결손 인물의 천연덕스런 고백이 내뿜는 '믿음'의 적실성 때문이다. 경제적 행복 없는 정치적 해방이 구원은커녕 지옥과 다름없다는 사실은 그의 작품에서도 잘 나타난다. 그것도 해방 후 1년이 지나도록 나아진 거라곤 전혀 없는 상황 속에서 말이다.

> 시인C가 나의 병상을 찾아서 평양에 온다는 전보를 받은 것은 내가 입원한 지 한 달이 되고 문밖 출입도 할 수 있게 된 무렵이었다. 객이 있을 적마다 그랬듯이 나의 간호인을

저녁 후에 자기집으로 가게 하고 C를 실어다 줄 열한 시 기차를 기다리면서 오랫동안 박혀 있던 병실에서 한 번 긴 시간을 소풍할 겸 일찌감치 정거장에 나갔다가 섭섭하게도 밤 열한 시에 도착되는 기차가 일곱 시간이나 연착된다는 말에 할 일 없이 시인이 그것 없이는 못하는 담배만 사가지고 병원으로 돌아오는 자정 가까운 밤의 일이었다. 나의 걸음으로도 이십여 분이면 다 올 수 있는 정거장과 병원까지의 사이에는 그 소위 등화관제로 캄캄한 길 양쪽에 모래처럼 희미한 빛을 드리운 여관들이 거의 닫았고 불쑥 어린 아이들이 나서며 숙박을 권했다. 허전하고 적요한 것이 그들로 해서 외롭지 않음에 나는 굳이 잡아떼지 않고 거리로 나가 유난히 매달리며 끈기있게 쫓아오던 소년이 슬며시 "우리 여관에 드시라요. 내 고은 체니 데러다 올리바요. 점원이든지 선생이든지 간호부든지." "뭐 간호부?" 불식간에 따라 외인말에 소년은 신이 나는 듯 어김 없이 간호부를 데려올 수 있다 해서 나는 내친김에 바로 저(내가 입원하고 있던)) 병원 간호부냐…… 니까 그렇다는 것이다. 혹 그럴 수도 있는가 생각에 나는 소년에게 꼭 그 병원 간호부를 데려올 것을 이르고 이느 담모퉁이에서 기다렸다. 무서운 죄를 짓는 듯 그러면서 나는 날마다 몇 번씩이나 만나는 여러 처녀들의 얼굴과 모양들을 그려보았다. 얼마 후 인기척이 나고 검은 길 위에 유령처럼 허 …… 연 물체가 나타났다. 잔뜩 얼굴이 뜨거워서 숨소리도 조심하고 섰던 나를 한참만에 발견한 그는 쑤울히 나의 팔을 끼며 소년이 앞서가는 여관으로 이끌었다. 이윽고 나도 용기를 내서 그의 손목을 단단히 잡았던 것인데 채 여관문까지도 가기 전에 서로 알아차리고 대경실색을 했다. 뿌리치고 도망을 하려고 할 것조차 없다는 양 다만 외면하고 어쩔 줄을 모르는 여자는 내가 입원한 후 한 달 내 그렇게 상냥하고 친절하고 그러면서 저녁이면 무슨 핑계든지 대고 병실에 붙어있지 않았던 간호인이었다.[5]

부분으로 전체를 유추한다는 건 물론 무리다. 하지만 전체를 파악할만한 통일된 잣대나 보편의 콘셉트가 막막할 때 '부분'을 찬찬히 들여다보면 답을 향한 경로가 나온다. 따라서 하나가 곧 전부는 아니지만 그 생화학적 구성 원리나 운행의 법칙을 구하는 데 부분의 치밀한 천착과 정밀한 추적은 보탬이 된다. 매춘으로 해방공간을 읽는 일도 마찬가지다.

당대 조선의 매춘부들과 이들을 찾는 사람들을 경험과학의 눈으로 정확하게 읽기는 어렵다. 하지만 그들의 삶과 당대 풍경을 가급적 실제에 가깝게 보려면 부득이 인문학에 기대야 한다. 그것도 본인의 일방 고백이 아닌 행태 자체의 객관적 추적과 내면 조망을 기약할만한 기록이라면 더더욱 중요한 단서가 된다. 역사와 문학이 과거 관찰에서 중요해지는 까닭이다.

기억의 단서로는 문학만 것이 없고 사실의 근거로 역사밖에 구할 것이 없는 이치도 여기서 설득력을 얻는다. 작가 최태응은 숱한 결손缺損형 캐릭터들을 통해 해방공간의 사회경제적 절박성을 후벼 판다. 왜 하필 그랬던 걸까. '아픈' 역사를 더 아픈 이들의 눈과 경험을 바탕으로, '못난' 세월을 더 못난이들의 절름거리는 육체와 통증어린 몸으로 더듬는 까닭은 곧 작가의 문학적 분노와 역사적 한탄을 해소·승화시키기 위해서였을 것이다. 소외와 억압에 익숙했던 하층민 입장에서 권력의 부당성을 고발하고 자신들에게까지 눈길 주지 않는 국가의 외면과 정부의 무능을 표출·저항하는 데 결손형 캐릭터는 삶의 비참함을 보여주는 효과적 수단이기 때문이다.[6] 게다가 그가 창조한 소설 속 결손인물들은 대부분 작가의 생체험이 바탕[7]이 된 분신分身형으로 작가의 현실인식을 잘 드러낸다.

정치적 자유가 바다처럼 일렁이는 강토疆土였다해도 먹고 살려면 기꺼이 감수해야 할 해방공간이었다.[8] 매춘은 추잡하며 그걸 거래하는 인간이란 더럽기 그지없다고 아무리 욕해대도 그건 권력의 허세일 뿐이었다. 도와줄 마음도 그리할 여력도 전혀 없던 허약한 기성의 두 얼굴만 고스란히 드러낼 따름이었다. 되레 가열 차게 욕함으로써 자신의 허물을 가리고 스스로는 강고한 모럴의 장본인인 양, 윤색할 가능성마저 찾아낸 인간들은 간사하게도 퇴폐가 자신의 알리바이를 강화하거나 대신 벌 받을 만만한 대상임을 터득하게 된다.

대속代贖redemption의 텃밭으로 매매춘 현장을 떠올리자면 퇴폐란 기피하고 억압하며 마음껏 비판할 일상의 핑계였다. 그러면서 동시에 남몰래 즐기려 찾아드는 남성들의 선택적 향유 공간이었다. 하지만 정작 이들을 받아주면서 생계 수단이든 자발적 성 결정이든 성을 파는 이들의 입장이란 늘 일정량의 저항적 정치성을 담보하게 마련이었다. 남성들이 만들어놓고 정작 남성들이 왜곡·공격하며 남성들이 존치시키는 모순의 덩어리로 그 공간을 묘파한다 해도 이 같은 저항성이 자발적으로 소멸되길 기대한다면 그건 더 큰 모순일 터다.

이현재는 이렇게 말한다.

> 매춘의 공간 역시 르페브르가 말하는 저항적 공간이자 차이의 공간으로 체험될 수 있다. 매춘의 공간은 자본주의와 이성애 중심의 핵가족 규범의 모순을 그대로 떠안고 있는 공간이지만 그러한 규범을 재전유하는 민중적 점유의 장소이

며 일상에서 억압되었던 욕망과 놀이의 즐거움이 분출되는 '반-공간'이다. 집창촌에서 거리매춘에 이르기까지 매춘의 공간은 다양하고 맥락에 따라 변화하지만 이들은 기존 공간의 목적에 맞지 않게 공간을 사용한다. 이들의 국지적이고 전략적인 공간 전유는 헤게모니적 이성애 핵가족을 위한 공간을 교란시키고 변화시키며 결과적으로 기존의 공간과는 다른 '차이 공간'을 생산한다. 그러나 매춘의 공간을 생산하는 일은 기존의 국가나 사회에 의해 환영받지 못한다. 왜냐하면 시민들의 민주적 담론이 이루어지는 공적 영역은 이미 매춘과 같은 예측할 수 없는 절대적 타자성을 배제하고 있으며 시민성을 위협하는 섹슈얼리티의 수행을 봉쇄하고 있기 때문이다.[9]

그렇다면 매매춘 공간은 남성들의 수요와 성을 파는 여성들의 경제적 '수요가 만나는' 장소인 동시에 서로를 '밀쳐내며 때로 저항하는' 기묘한 흡인과 길항拮抗의 속성을 공유하는 곳이다. 사고팔며 서로 욕하는가 하면 눈앞에서 사라질 경우 견디지 못할 연민과 동정으로 만남의 핑계를 만들어 배설과 욕정의 명분 아래 서로 가두고 갇히려는 상호 모순의 틀을 지탱하는 공간이다. 이때 경계와 긴장은 서로의 의무이되, 자본의 왜곡된 유통 속에서도 오로지 자신의 몫만 챙기려는 경제적 욕구가 횡행하는 곳이 매매춘 시장의 특성이라면 최대한 '유혹·연루·흡인'하려는 전략의 충돌도 감수해야 할 일이다.

이는 세상의 모든 매매춘 공간이 감수해야 할 우선의 문제로 다가온다. 뿐만 아니라 그에 어김없이 뒤따라오는 아니, 함께 묻어 영영 떨어지지 않을 습관처럼 '퇴폐'란 단어도 포함해서 말이다. 하지만 그 같은 단어가 동원하는 사회적 편견이나 부정적 이미지에 신경 쓸 매매춘 공간이 아니었다. 성이 결국 자신의 것이면서 타자의 것임을 '동시 인정'하는 풍토는 합리적 정착이 어려웠다. 뿐만 아니라 자신의 '누림'은 숨길지언정, 타자의 그것은 여지없이 훔쳐보고 상대적으로 높은 도덕의 잣대를 들이밀려는 문화가 자리 잡는 동안 '권력'은 '퇴폐'를 통제와 단속의 손쉬운 핑계 거리로 삼는다.

결과적으로 위악과 자학의 도구였던 강점기 퇴폐는 어느덧 대속과 억압 대상이 되어버린 셈이다. 하지만 더 큰 문제는 퇴폐를 늘 인간의 성적 타락과 연결시키려는 도덕적 우월론이 강화되는 한편, 이에 편승한 남성권력의 철저한 자기중심성을 확장시킨다는 점이다. 특히 전쟁과 같은 위기상황에 돌입하거나 쿠데타 등 정치적으로 긴장할 계기가 마련되면 이른바 '풍기문란'을 단속하고 퇴폐를 엄히 다스리려는 국가의 의도가 도드라지는 것도

권력의 허위의식치곤 유난스러웠다.[10]

모럴리즘의 예민한 강조는 곧 자기행동의 모순을 강하게 의식한 권력의 부도덕과 현실적 무능을 은폐하려는 강박 때문이었다. 군대와 매춘도 마찬가지다. 적과의 전쟁에서 확실한 승리를 담보하지도 못한 채 외세의 강력한 지원을 의식하지 않을 수 없었던 아군의 열등감하며, 행여 외국군인과 조국의 처자妻子가 남녀관계로 발전할 상황마저 염려스러웠던 건 본능의 지나친 반응이었을까. 그것이 결국 현실로 드러나는 전후 상황 속에서 병든 '마초이즘'에 시달려야만 했던 이 땅의 남정네들과 일부 여성의 일탈을 분노와 끌탕으로 바라보아야 했던 여염 여성들에게 퇴폐란 나라를 망치거나 민족정기를 무너뜨리는 절망의 표식으로 애꿎게 비쳐지고 있었다. 뿐만 아니라 돌풍처럼 일렁이는 근대화와 외세의 영향은 맹목적 서구화를 경계해야 한다는 논리의 계발과 함께 혹시라도 바다 건너의 문화가 한국 고유의 것들을 망가뜨리거나 변질시킬까 염려하는 극도의 경계론[11]을 낳기도 한다.

쿠데타로 정권을 잡은 직업군인들 역시 해이한 풍기를 다잡기 위한 파시즘의 강박 논리에 스스로를 묶고 서슬 푸른 통제의 필요성을 세상 전면에 내세운다. 자신들의 정치적 약진 논리에 담긴 콤플렉스와 심리적 '머쓱함'을 가려줄 흔쾌한 명분이 절실했던 때문이다. 어려울 때 도와준 외국 군인들의 주둔은 든든

하지만 그들과 관계 맺는 이 땅의 여성들은 전부 밉기만 하였고 전방을 지켜야 할 군인들이 후방으로 총부리 겨눈 채 세상을 청소하는 일은 대견했어도 풍기의 건강을 앞세운 세상의 통제는 얄밉기만 하였다.

이른바 '정조貞操론'과 사회통제강화는 유린당할 만큼 당한 국가의 자존심을 늦게나마 방호하고 집단적으로 추켜세우고자 몸부림치던 정치적 대가였다. 도와주었다고 내어줄 '절개'는 더더욱 아니며 썩은 후방정치를 바로잡자면 시민사회의 도덕률이 모범적으로 향상되어야 한다는 당위론의 전개는 새로운 기풍 수립은 물론 퇴폐와 삶의 공존을 이야기한다는 건 말도 되지 않는다는 분위기를 양산한다. 새 세상을 뚝딱 만들 듯 보이던 하이퍼모럴hyper-moral의 논리는 '애먼' 여성들만 곤란하게 했을 뿐, 생계와 삶의 절박을 개선할 가망은 없이 비현실적 기대상승효과만 재촉하고 있었다.

해방공간의 간호부 이야기만 하더라도 한국전쟁기에 비하면 차라리 낭만적이었을 터다. 주지하는 것처럼 한국전쟁이 낳은 사회적 고통은 크고 깊었다. 전쟁이 끝나고 주둔군 문제까지 겹치지 않는 단발성 폭력의 사연들로 가름할 세월들이었다면 퇴폐의 '담론장'[12]도 훨씬 간단했을는지 모른다. 전쟁은 남자들의 것이었지만 남겨진 치다꺼리는 여성들의 몫이었다. 남성들의 통증이라고 어디 크게 달랐으랴만 전쟁기 고통이 전후의 온갖 문제와 결합하는 가운데 홀로된 이들의 사회적응과 경제적 생존 화두는 간단치 않은 일들로 다가온다. 전사, 학살, 포로, 납치 등으로 미망인이 된 전쟁기 여성들[13]은 어느 정도였을까.

1958년 보건사회부 집계에 따를 때, 전국의 미망인 총수는 505,300여 명에 달했다. 그 가운데 군경 미망인이 6만 여 명이었고 나머지 다수가 일반 미망인이었다.[14] 그들 모두가 어두운 길로 접어들었다는 주장은 신빙성이 약하지만 남겨놓은 남편 재산도 변변치 않고 버틸 힘마저 강하지 못할 때 여인들이 쉽게 고를 수 있던 직업은 '식모'살이 아니면 '매춘'이었다.[15] 특히 예외적인 매매춘 현상으로 미군들을 상대로 한 '유엔마담'들의 규모만 해도 1952년 5월 30일 현재 25,479명에 달했다. 지역별 통계를 자세히 나누면 서울 2,575명, 경기 4,869명, 충북 47명, 충남 69명, 전북 155명, 전남 214명, 경북 5,129명, 경남 11,514명, 강원 821명, 제주 86명 순으로 경남이 전국의 45%를 차지하는 규모였다.[16]

이 수치는 전체 미망인 인구 가운데 5%에 달하는 규모였다. 이들을 바라보는 세상의 눈길은 점점 차가워졌고 일찍이 나라가 어려울수록 높은 도덕률을 요구하던 사고의 경직은 한층 깊어져 아예 나라가 망할 조짐인 양 인식의 과잉을 무릅쓰는 일들도 흔해졌다. 전후의 여성범죄도 늘어 서양 분위기에 설렘은 물론 허영의 욕구와 남성과의 자유로운 만남에서 비롯되는 '관계 확장'은 성도덕의 자연스런 문란과 풍속사범증가로 이어져 간통과 낙태 건수 역시 늘고 있었다.

'유엔마담'을 일컬어 '양갈보'로 지칭함은 다반사였고 아예 '똥갈보'라는 용어마저 서슴없이 사용하던 사회 분위기는 비록 나라를 지켜내지 못하고 새로 일구어 낼만한 능력은 없었을망정, 타락과 방종에 찌들어선 안 된다는 유난스런 모럴과 강박으로 자신과 타인을 묶는다. 그것은 여성들에게 더욱 높은 정조를 강요하던 오랜 유교의 습속 탓도 있었지만 앞서 지적한대로 치욕적인 국가 위기를 수습하지 못한 남성 보편의 무능과 자기 콤플렉스를 일거에 극복하려는 병든 사회심리의 보상욕구이기도 했던 터다.[17]

전후의 무질서와 풍속의 퇴폐를 온 몸으로 받아내며 세상의 질시와 지탄을 무릅써야만 했던 여성들의 얼굴은 여럿이었다. '양갈보'와 '유한마담'에 이어 '다방마담' 역시 타락해가는 세상 뒷골목을 비추는 전후 아이콘이었고 졸지에 '여대생'마저 마치 미래의 '팜므 파탈'이라도 될 소질을 갖춘 양 경계하며 염려하던 대상이었다. 이는 전후戰後를 뜻하는 프랑스어의 전치사로 아프레après와 영어의 '걸Girl'을 합성한 기이한 용어로 명명되기도 한다. 이른바 '아프레걸'이라는.

최미진은 이렇게 압축한다.

> 아프레로 명명되거나 범주화된 여성은 대체로 전통적인 여성 젠더 이데올로기에 벗어난 부정적 여성으로 재현되고 있었다. 한국전쟁기 '양갈보'는 순수성과 순결성을 상실한 팜므 파탈로, '유한마담'은 가정을 방기하고 허영으로 가득 찬 타락한 여성으로, 그리고 전후 새로운 성매매 여성인 '다방마담'은 전형적인 '팜므 파탈'로 부정적인 여성상을 재현하고 있다는 점에서 공통적이었다. 다만 한국전쟁기 직업여성은 허영도 없지 않지만 자기 주관이 있는 양가적 여성으로, 그리고 전후 대표적 아프레걸인 '여대생'은 적극적인 발랄함과 개방성이 미덕과 악덕을 오가는 이중적 여성으로 재현되고 있었다. 그렇지만 전후 새롭게 호명된 여성들은 순결과 순종을 미덕으로 삼는 전통적인 여성상과 분명하게 차별화되어 있었다. 하지만 여전히 전통적인 여성 젠더 이데올로기가 아프레걸 혹은 아프레로 명명된 여성들을 비판하는 지배적 담론으로 작용하고 있었던 셈이다.[18]

강점기의 '신여성'이나 전후의 '아프레걸' 모두는 일정한 '갈증'과 '허기'가 만들어낸 시대의 산물이다. 하지만 후자는 상황에 저항하는 정도가 앞의 경우보다 한결 또렷했다. 그렇게 호명하던 '라벨label'이 학문적 조어였든, 아니면 스스로 그리 불려 지길 원하였던 욕구의 귀결이든 관계없이 말이다. 문제는 그녀들 모두가 당대 남성들과 관계 맺는 사회적 방식은 물론 긴장과 갈등을 처리하는 여성들 자신의 당당함이 인습적 사고와 충돌을 빚는 경우였다.[19] 남성들의 인습적 행태야말로 여성의 당당함이 대등한 욕망의 향유와 그 이상의 파격으로 전개되지 않길 바라는 옹졸함과 내심 깊이 맞닿고 있었다.

행여 그녀들의 행태가 일탈과 패덕으로 이어지기라도 할라치면 가차 없는 공격과 지난 세월 '구속의 추억'을 소환하려는 '기꺼움' 마저 서슴없었다. 탈선과 문란이 현실로 나타날 경우, 지난 역사의 고통이나 용감하지 못했던 집단의 무능을 면피라도 하려는 듯 '그녀들'을 지탄하는 남성들의 기세는 마초의 부활을 연상시켰다. 퇴폐는 가장 만만한 억압의 덫이자 면박의 오랏줄로 그만큼 권력이 인용·작동할 구실이었다. 그렇다고 그 앞에 다소곳할 아프레걸들도 아니었다. 되레 당당하며 그 아랑곳하지 '않음'에 남성들은 경악하고 미워할 태세를 갖춘 셈이다. 일반 여성들 역시 마찬가지였다. 도덕에 관한 한 철저한 이중적 잣대를 고수하는 세상의 눈길은 그만큼 튀는 여성들을 향할 수밖에 없었다. 애당초 그에 집착하여 자신의 사회적 거점을 차별화한 건 아니지만 그녀들 모두 저항 담론의 주체이면서 동시에 정치적 다중성을 공유했던 까닭은 그래서 눈여겨보아야 할 당대의 자화상이다.

차이와 독립의 거점을 넓히려들던 그녀들의 생각이 반남성적 항거의 원천이 되길 바란다거나 아예 '자리' 자체를 '탈취'(혹은 전취戰取)하려는 철저한 정치성으로 무장한 건 아니었다는 점에서 그들은 차라리 실존적이며 감각적이었을 것이다. 혹여 '퇴폐'의 그늘이나 그리도 찬란히 빛나던 도덕과의 경계 지점에서 일순간 무너질는지도 모르리란 '떨림'을 공유하느니 차라리 욕망에 충실하고 이제껏 해보지 못한 도발에 과감하길 바라면서 자기의 스탠스stance를 찾자는 마음으로 말이다.[20]

남자들이라고 해봐야 덧정 없는 세월이었다. 새로운 세상을 구축할 사회혁명의 저력까진 관두더라도 근·현대 한국사회 질서의 중심을 강고히 지탱조차 못하였던 우선의 책임을 묻자면—젠더니 뭐니 굳이 따질 필요 없이—이 땅의 남성들밖에 누구에게 구할 일일까. 이렇듯 넓혀 잡는 일반론이 제아무리 혹독하다며 투정부려봤자 폭력 앞에 주눅 든 채 혼연渾然히 일어서지도 못하고 집단의 공포는 왜 떨쳐내지 못했냐는 질책도 피할 재주는 없지 않겠는가.

겁에 질렸든, 힘이 달렸든 나라 지켜낼 사내들의 젊은 중추를 그나마 전쟁으로 잃어버린 조국의 처지라는 게 또 아득키만 하였다. 없는 살림에 직접 나서야 할 여인네들의 상황도 갑갑하였지만 가족을 지키며 끝내 삶을 버텨야 한다는 명제는 지상의 혹독한 주문이 되고 있었다. 일자리도 변변치 않았으나 일할 인구의 허리마저 사라진 공허함이나 아련함 혹은 절박함이라는 게 해방과 전쟁의 고비를 넘는 이 땅의 얼굴이었다. 분단의 콤플렉스를 전쟁의 트라우마로 덧씌워야 할 처지라는 게 당해보지 않고선 모를 일이듯, 변해가는 삶의 풍경도 전혀 의도치 않았던 행위의 결과였다는 데 기이함은 겹친다.

퇴폐의 의미체계와 어휘 유통의 단층 변화도 그랬다. 왕조를 떠받들던 유교의 지배질서도 묽어진 지 오래고 강점기를 옭아매던 억압의 사슬도 녹아버린 마당에 '자유'와 '방종'은 동음동어同音同語였고 모처럼 동포끼리 맞붙던 전쟁까지 끝나자 세상의 고삐는 풀릴 대로 풀려 나가던 터다. 의식의 결기나마 또렷하여 미친 척 대들고 아련한 듯 제 스스로 '할퀴기'라도 한 식민의 세월은 옛날이었고 이제 대들 상대조차 잃어버린 동포의 정서란 방임과 나태로 일관하든 소외와 타락으로 시간 죽이든 누가 뭐라 할 사람도 없었던 것이다.

항심抗心보다 두려운 건 마비였다. 그것도 무너진 육체가 뜨거워진 제 살갗 잊지 못하여 '온도의 추억'만 믿고 덤벼든 '타인의 몸'은 불륜이든 바람이든 세상이 뭐라 불러대도 걷잡지 못할 춘삼월 산불마냥 타들어가고 있었다. 『자유부인』[21](1954)이 유명해진 것도 제목이나 플롯의 파격이 아니다. 남편의 직업이 '대학교수'란 것도 놀라움의 우선 항목은 아니다. 살림만 일삼던 주인공 '선영'이 모처럼 직업을 갖고 댄스에 재미 붙이자 외간남정네와 함께 달궈지는 육신을 식히기란 난감하기 이를 데 없어서였다.(이제는 이 같은 표현 자체가 되레 놀라울 지경이지만, 정말로 총성이 멈춘 후 펼쳐진 느닷없는 문학의 성전性戰은 기왕의 전쟁을 희한하게 여길 정도였다)

권보드래와 천정환은 이렇게 말한다.

> '아프레걸'의 댄스와 방종과 타락이 한국전쟁의 상흔과 깊게 결부되는 반면, '자유부인'의 탈선은 전쟁경험과 완벽하게 단절되어 평가된다. '아프레걸'은 태생부터 비정상적이며 가정과 국가 외부에 위치하는 존재인 반면, '자유부인'은 일그러진 정상성이며 가정과 국가 내부에 속한 존재이다. '아프레걸'의 '자유'가 전쟁이라는 예외상황에 속할 수 있다면 '자유부인'의 '자유'는 전후의 일상이라는 터전 속에서 문젯거리가 된다. 이렇듯 전쟁과 전후를 인위적으로 분리하는 시선 속에서 '자유부인'은 한국전쟁이 아니라 1950년대의 제諸 문제

를 상대하는 것으로 배치되고 있다. 이 문제적 존재는 근대적 제도와 이념이 덜 성숙한 대로 급격한 사회적 이동 속에 과잉도시화가 진행되던 사회에서의 생존법을 상정한다. …… 이런 상황에서 자유부인의 '자유'는 방종과 타락으로 귀결되는 자유, 그러면서도 '아프레걸' 같은 실존적 장식마저 거치지 못한 자유로 단죄되고 만다. 이 단죄의 절차 속에는 정치적 알레고리 또한 깃들어 있다. …… 이승만보다 측근-여성을 비난하는 인식은 광범했던 듯 보인다. …… 그만큼 '자유'와 '민주주의'가 여성(적 존재)에 의해 오도되었다는 관념이 널리 번져 있었기 때문인지 모른다.[22]

그렇다면 자유부인의 방종과는 또 다른 정치적 직무유기가 '못난' 남(여)성들에 의해 자행되었음을 또렷이 알게 되는 것이다. 문학을 빌려 주인공 선영의 도덕적 타락을 질타하는 일과는 별도로 자신들의 정치경제적 무능을 일탈 여성 탓으로 돌리려는 외벌外罰적 사고가 횡행한 것도 따져볼 일이다. 그것은 식민의 세월을 '견디기'보다 민주주의의 자발적 완성이 훨씬 어려운 역사적 과업이자 4·19를 향한 간접적 원망을 에둘러 자인하는 것과 다름없었다.

문학이 사회현실을 비추는 거울이라면 '선영'의 '실체'는 생각보다 많았을 것이다. 하지만 선영을 욕할 수 있다는 이유 하나만으로 자신의 흠결을 가리지 못할 남정네들은 그보다 몇 곱절 더 많았다. 게다가 패덕이나 탈선의 대가로 저 '못난' 남성들의 속죄양 노릇이 불가피했다손 치더라도 정치적으로 핍박까지 받아야 할 까닭이란 도무지 없다는 데 주목할 일이다. 인간에 의한 인간의 변론이란 게 사법부 밖에서 어디까지 가능하려나 논전의 맥이야 끝도 없겠지만, 전후 여성들의 이중적 억울함이 만만한 것이 아님은 문학으로 따질 게 애당초 아니었을 것이다.

남성들이라 하여 가만있을 리도 없을 터이다. 정치 앞에 문학을 끌어들인다 하더라도 왜 아니 억울했노라 타박하지 않겠는가. '이룩한다는 것'과 '잃어버린다는 것' 또한 대귀對句의 의미를 표방한다면 비대칭적 대칭성 하나만으로도 자신들의 생존 논거와 인종忍從의 과거를 이겨내려 애쓸 게 분명하기 때문이다. 4·19와 5·16만 해도 그렇다. 전자가 후자를 비추는 거울이라든지 아니면 그 반대 논리가 통용된다면 모를까, 앞뒤 전혀 어울리지 않는 폭력의 불일치를 놓고 혁명의 라벨을 먼저 붙인 측이 훗날의 사단을 놓고 '배반'이라 단죄하지 않거나 그 앞에서 고스란히 물러날 리 있겠는가 말이다.

일 년의 시차가 백년보다 더한 침묵과 민중의 '토라짐'을 잉태하는 데 어쩌자고 '선영'의 타락만 질책하거나 '아프레걸'들의 문란을 세상의 종말인 양 공격해댈 일이었을까. '젊은 피'의 가치를 군부의 총성으로 맞바꾸면서 '민간인복을 입은 군인들'마저 '혁명을 했다'며 대견해 함은 한국 민주주의의 실패를 외면하고 4·19를 착실히 배반하는 것임이야 어디 굳이 강조해야 알 일이었을까. 그럼에도 불구하고 앞뒤의 일들 모두를 '혁명'이라 칭하자며 은근슬쩍 눈감는다면 이건 4·19에 대한 몰염치도 보통의 것이 아니다. 아니, 함성을 주도한 '젊은 사자들'을 향한 모독이자 정신마저 깡그리 부정하는 일밖에 아무 것도 아닌 셈이다.

'자유부인'의 타락과 '아프레걸'의 문란보다 더한 것이 그래서 정치적 '퇴폐'였다. 폭력을 앞세운 정치현실에 주눅 들고 요란한 혁명 구호를 내건 함성은 말할 것도 없고 문학에 '가리고' 소설에 '눌려' 보이지 않았던 것뿐이다. 간만에 아프도록 자학하자면, 5·16을 막아내지 못한 책임을 '자인하라!'며 4·19를 몰아세우는 일일 터이다. 그래본들 무엇하랴만, 둘 사이를 흐르는 '긴장'과 '암울'은 억지로라도 인내의 한계를 넘어 절망과 체념의 고지마저 몇 구비 넘어설 각오를 다져야 할 판이다. 모처럼 거센 땅 뚫고 오른 혁명의 맹아가 총부리에 채이고 군홧발에 짓밟힌 대가려니 여기며.

유교국가 조선의 몰락을 바라보고 있어야만 했던 콤플렉스야말로 강점기 조선 땅을 그악스레 되찾으며 넘어야 했던 터였다. '자발적 근대화'가 어림 반 푼어치도 없는 과업이었을망정, 해방과 함께 묻어온 '분단 모순'일랑은 애써 녹여야 하지 않았을까. 그리 보낸 강점기였노라면 인내의 대가야 혹독하게 치렀어야 하지 않았겠는가 말이다. 그것도 너무 버거워 해내지 못할 일이었다면 전쟁이라도 피할 역량은 왜 없었던 '우리'였을까. 폭력 앞에 쪼그라들고 힘센 놈들이라면 주눅에 이골 난 동포였다 해도, 지분냄새풍기며 미군과 붙어 다니던 여인네들더러 어쩌자고 '갈보'라 욕하며 떼로 눈 흘겼더란 말인가. 솟아오른 가슴하며 짧은 치맛자락에 드러난 넓적다리 일랑은 뭣 때문에 훔쳐봤는가 말이다. 그렇게도 대단한 모럴이었다면 4·19의 꿈일랑 진즉趁卽 완수하고 5·16따위야 오지도 못하게 할 깜냥은 없었더란 말인가.

이청준은 『씌어지지 않은 자서전』[23](1969)에서 60년대 한국사회의 정치적 퇴폐를 복잡한 인물 군을 통해 곱씹는다. 하지만 그것은 퇴폐를 향한 절체絶體의 정공법이나 박멸을 노린 전면전이 아니라 철저한 비유와 상징논리를 통한 (차라리) '씌어질 수 없는 자서전' 같은 것이었다. 그것도 정작 '퇴폐'란 단어는 즐겨 쓰지 않으면서 퇴폐의 속살을 후비고 속절없이 훑으려는 방식이었다. (작가 자신의 실명에서 중간자 하나를 빼어버린) 주인공 이준은 4·19와 5·16을 동시 경험한 세대다. 그에 따르면 두 사건을 동시에 겪었다는 건 자신감과 희망은 물론 그것이 스러지는 무력감과 열패감을 한꺼번에 갖는 것이었다. 그래서 더 갈등하고 혼돈의 늪을 허우적댔는지도 모른다.

일체의 자기주장과 자기실현욕구를 포기할 수밖에 없는 상황은 새로운 세계로 들어가지 못하고 뒷전으로 물러앉은 채 '환멸'과 '박탈감'에 사로잡혀 있어야만 하는 정치적 조건을 뜻한다. 뿐만 아니라 생애 한 번도 제 스스로 거대한 조류를 만들거나 상황을 이끌어보지 못한 채 휩쓸리고 부대끼기만 한 날들이 뒤를 잇는 화자의 삶은 '선택하기'보다 늘 선택 '당해왔다'는 생각으로 뚜렷하다. 식민말기를, 해방을, 전쟁을 아직 성년의 나이에 이르지 않은 나이로 늘 선택 '당해' 왔다고 생각하는 4·19세대에게 분노와 허탈은 생생하기만 하다.[24]

이 작품은 자전적 이야기를 바탕삼아 환상구조를 취하는 열흘간 기록으로 뼈대를 세운다. '이준'의 내면은 매우 복잡하다. 열흘 동안 주변 사람들조차 많은 변화를 겪는다. 극단적인 등장인물은 '왕'과 '신문관訊問官'이다. 다방 '세느'에서 허기를 참고 여인의 나상을 목각하는 '왕'과 주인공의 과거 기억들을 집요하게 캐묻는 이가 '신문관'이다. 이준은 왕의 모습에서 항상 '배고픔'을 느끼던 자신을 발견하는가 하면, 신문관의 질문에 따라 '허기'라는 핵심어로 과거 경험을 답한다. 그 과정은 자기 내면에서 일어나는 극단의 고민으로 보인다. 결국 왕과 신문관 사이에서 어느 정도의 균형을 찾게 되기까지의 긴장이 소설의 핵심이다.

작가 자신이 경험한 지독한 허기라는 게 정확히 뭔지 여기서 딱히 잡히진 않는다. 신문관은 검열관일 수도 있다. 4·19를 '혁명'이라 부르는 주인공더러 은연중 '의거'로 수정하도록 한다든지, '자기고백'이 충실하지 않자 책임을 묻고 대뇌기능 제거수술을 해야 한다고 말하는 걸 보면 그렇다. 늘 버스를 타고 집으로 돌아오는 길에 등장한다는 점에서 주인공의 또 다른 내면일 수도 있다. 대뇌기능 제거수술을 받지 않으면 곧 사형을 가해야 한다는 건 주인공(혹은 저자) 자신의 극단적 사고에 큰 가치를 부여하는 것으로도 보인다. 사형을 앞둔 그가 최후 진술 대신 자신이 쓴 소설이 신춘문예에 당선되었다는 말에 신문관은 사형을 유보시킨다.

금세 이해의 틀을 갖추기 쉽지 않은 구성이지만 비유의 압권은 시인 '윤일'이 음악가 '정은숙'과의 사통私通을 반복 고백하는 대목이다.

> …… 우리는 여전히 서로 미워하려고만 했어요. 도대체 왜 그랬는지 모르겠어요." 그러나 나는 그것을 어슴푸레 알 수 있을 것 같았다. 그는 말을 계속 했다. "그러니까 그런 날 밤 나는 그 여자와 간통을 하는 것이었어요. 간통을 말이에요."

윤은 이상하게 간통이란 말을 썼다. "네? 간통이라니요. 그건 …… " 그러나 윤은 언제나 그것을 생각하고 있었던 듯 거침없이 그 말을 되풀이하며 나의 말을 가로막았다. "네, 간통을 했어요. 수 없이 간통을 되풀이했어요. 생각해 보십시오. 그런 날 밤 우리는 그렇게 역겹고 미워하려고 했던 것도 잊어버리고 세상의 누구보다도 더 격렬한 밤을 보냈거든요. 그런데 말입니다. 우리는 다음 날 아침 서로를 다시 미워하기 시작하는 거예요. 살림을 같이 내고 싶은 욕망을 이기려고 말입니다. 아마 이형은 우리가 여전히 미워하면서 밤을 보낸 거라고 생각하실지 모르지만 그건 틀려요. 내가 간통이라고 생각하게 된 것은 우리의 밤이 늘 숨어 지내는 것이어야 한다는 것 때문이었으니까요. 살림을 내서는 안 된다는 것 말입니다. 무엇보다도 가슴 아픈 것은 그 점이지요. 그 여잔 나와 수 없이 간통만 했어요. 간통만 당하다 죽어갔단 말입니다." 윤은 말을 그치고 갑자기 주머니를 뒤지더니 봉투를 하나 꺼내 놓았다. "보세요. 이걸 보시면 그 여자가 얼마나 가엾게 간통만 당하고 있었던가를 이해할 수 있을 겁니다." 그는 그 봉투를 다시 집어 알맹이를 뽑았다. "유서예요. 그 여자가 내게 쓴 유섭니다."[25]

무슨 얘길까. 오로지 작품으로만 말하고 플롯으로 승부 거는 작가는 설명의 '직접화법'을 꿈도 꾸지 않는다. 그렇다고 소설 어디에서도 음악가 정은숙이 4·19가 의인화하여 현현顯現한 혁명의 '꿈'이자 민주주의의 '종점'이라고 말하지 않는다. 아울러 시인 윤일마저 꿈의 변절과 혁명의 배반을 형상화한 의도적 조형물이었음을 드러내지 않는다. 아예 시인과 영원히 함께 하거나 흔쾌히 살림을 차려 세상이 축복해줄 궁극의 결합을 어느 한 군데서도 암시하지 않는다. 차라리 5·16의 상징적 의인화로 정은숙을 빚어낸 것이라고도 묘사하지 않는다.[26]

둘의 간통을 구태여 4·19과 5·16의 억지 화합이라고 이해할 필요도 있었을는지 모른다. 하지만 어느 한쪽이 사라지거나 폐기되지 않고선 도저히 양립 불가능한(양가적兩價的인 게 아니라) 배타적 존재들로 그냥 서로 '선택되어질 수밖에' 없었다면 혁명의 '좌절'과 혁명의 '시늉'은 미치도록 어울리지 않는 메뉴였던 셈이다. 그래도 만나야 한다면, 사랑을 빙자한 '관계'를 '모색'하거나 그게 사랑일는지 모른다고 여기며 '억지만남'을 위해 간통이라도 해야 했던 셈이다. 아니, 가엾게도 어느 한쪽이 간통을 당하고 있어야만 둘은 불인하나마 공존할 수 있었다는 얘기다. 세상의 중심에 서서 사랑하는 사이라고 외칠 수도 없으며 광장이 반겨줄 '둘'도 아니었다면 있을 '데'라곤 '다방' 혹은 '쪽방' 밖에 없었을 터다.

혁명의 '순수'가 '배반'과 '이질異質'을 견뎌야 한다는 것. '쿠데타'가 '혁명'의 월계관을 고스란히 찬탈하는 '폭력'의 레퀴엠. 같이 지내려면 다스림의 대상부터 '되어야 한다'고 먼저 제압해버리는 '비타협' 세례. 인간과 인간의 간통만이 관계의 퇴폐를 재촉하는 게 아니라 사특邪慝함과 순수와의 교접도 얼마든지 가능하다는 새삼스러움의 확인. '무너짐'이란 애당초 횟수의 문제가 아니라 균열의 강도와 충격의 부피가 불러오는 온갖 '통증'의 귀결이라는 사실.

이들을 한데 섞어 압축 논리를 강화하는 권명아는 이렇게 말한다.

> 문란한 세계(배신의 세계)와 사랑의 세계, 혁명이 좌절된 지금 세계는 이 둘 사이에서 간통중이다. 주인공 이준 역시 '간통의 혐의'에서 자유롭지 못하다. 이준은 혁명을 배신한 세계에 대한 거부감과 동시에 스스로 자신이 배신자인지도 모른다는 강박관념에 사로잡혀 있다. 그래서 이준과 그의 벗들은 간통 중인 세계 속에서 위악과 체념에 빠져 있다. 다방 세느의 커플인 윤일과 정은숙은 혁명을 배신한 세계 속에서 4월 세대의 '처지'를 선명하게 보여준다. 세계는 간통중이다.

다방 세느와 여인의 겨드랑내, 서점 하나가 쑥스럽게 서 있는 여대 앞은 이러한 불결한 청년들이 들끓는 이 세계의 축도판이다. 이 세계에 살아남았지만, 적극적으로 생성해나가지도 못하는 이들은 간통을 연기하는 위악으로 하루하루를 연출하면서 살아간다. 간통의 연출이란 혁명의 좌절에 대한 체념의 산물이자 스스로의 무기력함에 대한 '벌주기'의 일환이기도 하다. 사랑을 배신한 죄로, 그와 그녀 둘은 사랑을 부정하고 간통을 연기중인 것이다. 간통을 연기하는 삶, 결단을 미루는 삶은 혁명을 잃어버린 세대의 좌절감과 환멸의 소산이기도 하다.[27]

문학의 정치적 '천착'이나 정치의 문학적 '이해'는 그러나 여전히 환대의 '대상'[28]이 아니다. 특히 문학이 현실의 장場에서 하필 정치라는 이름의 장章을 만나면 의심하고 경계하며 '상처'와 '배반'부터 먼저 의식하는 고질적 편견도 없애버릴 길은 아직 보이지 않는다. 정치 또한 문학을 향해 기대할 것이 별로 없어 굳이 가까이 하려 하지 않는 '현실'을 탓할 핑계란 그야말로 시계視界 제로다.

'고결高潔'과 '타락墮落'으로 두 진영의 이미지를 각인시켜 버린 까닭도 어쩌지 못할 편견의 선물임을 부인할 길은 없다. 다만 달라도 너무 다른 두 개의 극점 사이에서 빛을 향할 채비라곤 전혀 도모하지 않는 퇴폐의 속내에 여전히 주목할 따름이다. 그렇게라도 사라져 버릴 세상의 '얼룩'이었다면, 아니 이제는 영영 무너질 일도 그럴 이유도 없는 파랑새 노닐 언덕만 펼쳐질 땅이었다면 얼마나 다행이었을까.

문학과 정치가 퇴폐를 다루는 방식은 달라지고 있었다. 피 끓는 젊은이들로부터 혁명의 라벨을 탈취한 5·16의 담지자들은 자신들의 정치적 퇴폐가 백일하에 드러나는 걸 결코 원치 않았다. 후방을 향한 총부리가 더 머쓱해지기 전, 오롯이 겨눌 타락과 부도덕의 현장은 생각보다 많았다. 통제와 관리의 필요 앞에 폭력의 사슬을 대입하는 일은 따라서 시간문제였다. '다스림'은 곧 '핑계'의 그늘을 찾게 마련이었다. 아울러 주변의 적절한 어둠이 새로운 여명의 등장을 두둔하는 동안, 아예 깜깜한 터널의 출현도 마다하지 않았다. 퇴폐를 퇴폐로 막고 타락을 타락으로 덮는 통치 방식은 '부정否定의 부정否定'이란 긍정적 반어와 역설의 동원효과를 준비하고 있었다.

머리 길다며 젊은 남자 붙잡아 들이고, 치마 짧다고 생기발랄한 여성들 기꺼이 면박 주는 권력은 폭력 없이 지탱하기 힘들었다. 퇴폐는 이제 의식과 문화의 난해한 표현통로가 아니라 눈에 보이는 방종과 귀에 꽂히는 온갖 불편한 음향은 물론 혀끝과 피부로 전달되는 망국의 아웃풋 아니면 극도로 못마땅한 부산물 따위와 동일시된다. 그런다고 먼저 간 음악가 '정은숙'의 넋이 편안해지거나 불안한 시인 '윤일'의 정신세계가 쉴 곳을 찾는 것도 아니겠거늘, 새로운 권력은 행여 애써 빼앗은 혁명의 라벨이 다시 '젊은 그들' 손아귀에 들어가는 일일랑 무슨 수를 써서라도 막아야만 했다.[29]

통치를 빙자한 공포의 동원은 곧 권력의 강박이었다. 그 '강박'을 은폐하기 위해서라도 통제 수위는 높았고 온갖 교묘한 명분들 역시 필요했다. 그 가운데 퇴폐는 으뜸이었다. 통기타와 생맥주, 거기다 청바지까지 한때 한국사회를 휩쓴 청년문화의 아이콘들은 권력의 입장에선 못마땅하기 이를 데 없고 행여 체제에 대한 불만과 저항의 감각적 자원으로 커갈까 염려스럽기만 하였다. 음악을 향한 거의 압제 수준의 간섭과 개입도 도를 넘어서고 있었다.

국가가 문화를 통제하려들 때 퇴폐가 협의의 단골메뉴로 채택되는 일이야 흔한 일[30]이었지만 70년대의 군사정권은 시민사회의 말초까지 파고드는 가히 침투의 위기를 방불케 했다. 이를테면 가요는 모조리 건선해야만 했고 문화와 예술은 온통 단정해야 했다. 멜로디의 왜색이 짙다는 이유로 금지곡이 되거나 가사와 창법이 '저속'하거나 '불건전'함은 곧 퇴폐와 동격이 되는 일도 견뎌내지 않곤 살기 힘겨웠다. 선정적이거나 허무와 비탄을 조장하는 곡들도 유통은 불가능했다. 정권 스스로 입맛에 맞지 않으면 아예 '시의부적절' 아니면 '방송부적'을 핑계 삼아 통제의 임의성을 높인 경우도 얼마든지 이를 잘 말해준다.[31]

그 시절이 지나도 퇴폐는 여전했다. 의미와 용법만 달리할 뿐, 퇴폐의 지평은 창창히 펼쳐지고 있었다. 문학이 다가와 끌어안지 않아도 퇴폐의 '솔기'는 엄연했다. 하물며 인간의 욕망을 담아낼 탐스런 탱크를 정치가 준비하는 동안, 음험하게 스멀거리는 더듬이는 충분한 재생과 복제의 준비를 마쳐가고 있었다. 본디 '도덕'은 힘없는 인간의 몫이 아니라 생색내려는 '권력'의 것이었으니까.

주

1 차승기, "기미와 삼일 : 해방직후 역사적 기억의 전승," 한국현대문학회(편), 『한국현대문학연구』 제28집(2009), p. 312.

2 윗 글 같은 쪽.

3 북받치던 울기와 분노로 보자면 해방 직후 민중폭력의 수위는 의당 높았어야 했을 것이다. 하지만 흥미롭게도 현실은 '그렇지' 않았다. 닥치는 대로 파괴하거나 억눌렸던 감정의 폭발과 정치적 복수의 기미도 일주일 남짓 이어지다 잦아들던 현상은 뭘 의미하는 걸까. 그것이 해방기의 집단이성이나 도덕적 자제였는지, 아니면 에릭 프롬 류의 '자유로부터의 도피'였는지는 불분명하다. 이를테면 경찰관서 습격이나 총기·탄약 약탈, 일본(조선)인 경찰관에 대한 폭행·위협·약탈, 군·면 등 행정관청에 대한 습격·점거·파괴, 조선인 관공리에 대한 폭행·위협·약탈, 신사神社·봉안전에 대한 방화·파괴 등의 행위가 해방 다음 날인 8월 16일부터 고조되기 시작하다가 24일이 지나자 소멸상태로 접어드는 건 특히 주목할 만하다. 하지만 이는 이듬해부터 격렬해지기 시작하는 이념의 균열이나 좌익 활성화와는 또 다른 일들이다. 해방 직후 일주일간의 정치적 흥분과 격정에 관해서는 다음 참조할 것. 박종성, 『한국정치와 정치폭력 : 해방 후 권력과 민중의 충돌』(서울 : 서울대학교출판부, 2001), pp. 166–167.

4 이에 관해서는 다음 연구 참조할 것. 이봉범, "해방공간의 문화사 : 일상문화의 실연實演과 그 의미," 상허학회(편), 『상허학보』 제26호(2009), pp. 13–53.

5 최태응, 「매춘부」, 권영민 엮음, 『최태응 문학전집1』(서울 : 태학사, 1996), pp. 205–206.

6 김효석, "최태응 소설의 작중 인물 고찰 : 결손인물형을 중심으로," 우리문학회(편), 『우리문학연구』 제30집(2010), p. 284.

7 최태응은 실제로 관절염과 탈구脫臼로 고생하던 환자였다.

8 그의 해방공간탐사는 절망과 피폐疲斃로 점철된다. 매춘에 이어 날품이라도 팔아야 살 해방기의 삶은 차마 빈곤이라는 단어로도 묘사하기 어려운 것이었다. 1946년 10월, 잡지 『백민白民』에 실린 단편 「사탕」은 사탕마저 줄을 서서 기다려야 누릴 수 있는 한줌의 배급 대상이었고 그나마 영양실조와 병으로 죽은 어린 딸의 입에 제대로 물릴 형편도 되지 않는 호사였음을 그린다. 권영민 엮음, 앞 책, pp. 207–209.

9 이현재, "매춘의 도시지리학과 공간 생산을 위한 투쟁," 서울시립대학교 도시인문학연구소(편), 『도시공간의 인문학적 모색』(서울 : 메이데이, 2009), pp. 102–103.

10 이에 관해서는 다음 참조할 것. 권명아, "정조 38선, 퇴폐, 그리고 문학사 : 풍기문란과 냉전 프레임을 중심으로," 한국여성문학학회(편), 『여성문학연구』 제22호(2009), pp. 213–250. 특히 다음 주장에 주목할 것. "풍기문란의 역사는 해방 직후의 무질서와 혼돈의 상태에서 대한민국이라는 틀이 만들어지는 과정을 회고한다. 이때 무기력한 피해자일 뿐인 여성의 위치는 법적 장치로 상징되는 국가 주권의 틀이 '아직 세워지지 못함'에서 비롯되는 불안한 상태와 등가를 이룬다. …… 풍기문란이라는 범주는 퇴폐와 문란이라는 이름하에 역사의 어떤 순간을 지속적으로 호출하는데 그것은 바로 '망국亡國'이라는 역사적 순간이다."(pp. 217–218). 권명아 역시 백철의 문학사 서술방식 가운데 1920–30년대를 소위 '병든 문학' 아니면 '퇴폐문학'이라고 규정하고 있음에 주목한다. 특히 그가 『신문학사조사』(서울 : 민중서관, 1953)에서 "말하자면 이 **時代**의 문학자들은 **三一運動**이라는 찬란한 **夕陽**의 **一景**도 지나고 캄캄한 밤중에 사는 사람들이었다."(p. 123) 했던 대목 말이다. 다음도 함께 참조할

것. 권명아, "음란함과 죽음의 정치 : 풍기문란과 근대적 주체화의 역학," 한국현대소설학회(편), 『현대소설연구』 제39호(2008), pp. 27-54.

11 김행선, 『6·25전쟁과 한국사회문화변동』(서울 : 선인, 2009), p. 45.

12 한국전쟁이 불러온 사회적 피폐와 인간관계의 절멸 혹은 파탄에 관한 문학적 묘사과정에서 '손창섭'은 빼놓을 수 없다. 그의 소설이 주목하는 전쟁기 결손 인간들의 애증과 갈등은 최태응의 그것과 사회 환경적 조응에서 다르지 않지만 작품 속 공간 배치와 플롯 전개 등 스토리텔링 기법은 차별적이다. 손창섭에 관한 다양한 기존 연구들 가운데 특히 다음 참조할 것. 이호규, 『손창섭 : 생래生來와 현실의 비극적 함수』(서울 : 글누림, 2011) ; 박재석, "1950년대 손창섭 소설 연구 : 한국전쟁 직후 경험의 서사적 구성 방식을 중심으로," 연세대학교 대학원 국어국문학과 석사학위논문(2002) ; 배경렬, "손창섭 소설에 드러난 우울자의 저항방식과 희극성," 한국문학회(편), 『한국문학논총』 제34호(2003), pp. 507-535 ; 백지은, "손창섭 소설에서 '냉소주의'의 의미," 한국현대소설학회(편), 『현대소설연구』 제20호(2003), pp. 275-303 ; 신은경, "손창섭 단편소설의 공간연구," 고려대학교 대학원 국어국문학과 석사학위논문(2011) ; 연미경, "손창섭 소설 연구," 한양대학교 대학원 국어국문학과 석사학위논문(2007) ; 전성욱, "전후의 현실과 섹슈얼리티 : 손창섭의 단편 소설을 중심으로," 경희대학교 인문학연구소(편), 『인문학연구』 제17호(2010), pp. 69-91.

13 이에 관해서는 다음 연구 참조할 것. 이임하, "한국전쟁이 여성생활에 미친 영향 : 1950년대 '전쟁 미망인'의 삶을 중심으로," 역사학연구소(편), 『역사연구』 제8호(2000), pp. 9-55.

14 김행선, 앞 책, p. 37.

15 위 책, p. 41. 1959년도 서울시경 통계에 따르면 서울의 매춘부들은 모두 2,700여명이었다. '종로3가(종삼)'가 370명으로 가장 많았고 이태원동이 349명(주로 洋娼), 삼각지 162명, 서울역전 양동 150명, 묵정동 143명 순이었다.

집창촌 말고도 전방일대와 땐스홀, 빠, 다방, 술집 등까지 통합 추정하자면 30만명에 육박하는 규모였다, p. 42.

16 위 책, p. 44.

17 이에 관해서는 다음 참조할 것. 박정미, "'음행의 상습 없는 부녀'란 누구인가?: 형법, 포스트식민성, 여성 섹슈얼리티, 1953–1960년," 한국사회사학회(편), 『사회와 역사』 제94호(2012), pp. 261–295.

18 최미진, "1950년대 신문소설에 나타난 아프레 걸," 대중서사학회(편), 『대중서사연구』 제18호(2007), p. 148.

19 특히 강점기 신여성들의 연애를 보며 조선사회가 풍기문란으로 지탄하던 현상에 관해서는 다음 연구 참조할 것. 김수진, 『신여성, 근대의 과잉 : 식민지 조선의 신여성 담론과 젠더정치, 1921–1934』(서울 : 소명출판, 2009), pp. 308–317.

20 아프레걸은 단일하지 않다고 연구자들은 입을 모은다. 그 표상의 중요한 축으로는 적어도 두 개의 유형이 있다고 본다. 하나는 전위적·퇴폐적 유형의 젊은 여성들 [손소희, 『태양의 계곡』(1959) ; 영화 「지옥화」(1958) 등]이고 둘째는 발랄 대담한 여대생[김내성, 『애인』(1954) ; 방송극 「청실홍실」(1957) 등]이다. 전자가 전후의 무질서와 부조리와 허무를 그린다면 후자는 신질서와 신감각의 가능성을 시사한다는 것이다. 하지만 '아프레걸'이란 단어를 유행시키고 그 볼온성을 높이는가 하면 매춘여성과의 경계까지 녹여버린 요소는 앞의 경우가 농후했다고 주장한다. 역시 '아프레'의 자격은 신분이나 경력이 아니라 존재의 질감이며 결혼이나 직업적 매춘 여부보다 어디까지나 '육체의 온도'가 더 중요한 것이었다고 힘주어 말한다. 권보드래·천정환, 『1960년을 묻다 : 박정희 시대의 문화정치와 지성』(서울 : 천년의상상, 2012), p. 473.

21 정비석, 『자유부인』(서울 : 정음사, 1954).

22 권보드래·천정환, 앞 책, pp. 475–478, *passim*.

23 이청준, "씌어지지 않은 자서전," 이청준, 『씌어지지 않은 자서전 외』(서울 : 중앙

일보사, 1987), pp. 19–190.

24 권보드래·천정환, 앞 책, p. 90.

25 이청준, 앞 책, pp. 138–139.

26 둘의 입장이 서로 바뀌거나 이름을 교환할망정 달라지는 건 조금도 없다. 따라서 여기선 비유의 순서와 그 포지셔닝이 중요한 게 아니라 같이 '있을 수 없는' 둘이 같이 '있어야만 한다'는 현실의 주문과 한 쪽이 사라질 터인 즉, 홀로 잘 '견디어보라'는 냉소적 권고도 함께 고려할 필요가 있다.

27 권명아, "죽음과의 입맞춤 : 혁명과 간통, 사랑과 소유권," 『문학과 사회』(2010 봄), pp. 293 –294.

28 예외는 있다. 간헐적으로, 무척 간헐적으로 둘은 만날 때가 있다. 때로 그것이 '억지'여서 그렇고 만남의 순간이 짧아 그렇지 만났다고 늘 어색한 것만도 아님은 그나마 다행이다. 정치 일반에 관한 문학의 관심보다 특정 주제에 관한 천착의 인프라가 펼쳐짐은 일단 고무적이다. 4·19에 관한 문학의 예외적 논의로는 다음 참조할 것. 강계숙, "'미적 전위'가 탄생하기까지 : 4·19혁명이 한국 시에 미친 영향 하나," 『문학과 사회』 통권88호(2009 겨울), pp. 367–386 ; 우찬제, "자유의 스타일, 스타일의 자유," 위 책, pp. 348–366 ; 이광호, "4·19의 '미래'와 또 다른 현대성," 위 책, pp. 332–347.

29 이에 관해서는 다음 참조할 것. 송은영, "대중문화 현상으로서의 최인호 소설 : 1970년대 청년문화/문학의 스타일과 소비풍속," 상허학회(편), 『상허학보』 제15호(2005), p. 440.

30 독일의 경우는 다음 참조할 것. 송혜영·김승호, "나치시대의 미술사와 박물관," 서양미술사학회(편), 『서양미술사학회논문집』 제29호(2008), pp. 343–372 ; 송혜영, "나치와 현대미술 : 뮌헨의 퇴폐미술전(1937)," 서양미술사학회(편), 『서양미술사학회논문집』 제13집(2000), pp. 113–144. 영화 역시 얼마든지 권력의 개입과 통제를 재촉할 '건수'로 동원된다. 유선영, "동원체제의 과민족화

프로젝트와 섹스영화 : 데카당스의 정치학," 성곡언론문화재단(편), 『언론과 사회』 제15집 2호(2007), pp. 2-56.

31 이 문제에 관해서는 다음 참조. 양삼석, "음악의 정치윤리적 독해 : 한국 권위주의 정권하의 대중가요 통제를 중심으로," 한국윤리교육학회(편), 『윤리교육연구』 제23집(2010), pp. 233-242.

V. '물듦'과 '스밈' : 질병 같은 절망과 그 '퍼짐'

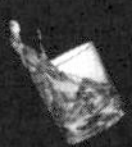

퇴폐는 독자성을 지닌 '사업'의 엄연한 조건이거나 (세상이 뭐라 한들) 가장 손쉽고 빠른 자본 회전과 소득원으로 자리 잡은 지 오래다. 모든 '이발소'가 다 그랬던 건 아니지만 머리 깎아 주는 주된 기능과 그에 달린 안마의 역할이 기운차게 공생하자 알록달록한 '싸인 볼'만 봐도 편견의 덩어리를 잔뜩 키웠던 우리다. 퇴폐는 사회질서를 형성하는 변수가 아니라 이제 엄연한 상수constant로 자리 잡았다. 통치를 담보해야 할 권력의 입장에서 보면 여간 다행스런 일이 아니다. 개입과 간섭이 용이하고 통제의 명분 역시 또렷한 만큼 사후事後 효과도 긍정적이기 때문이다.

퇴폐와 당국 사이에는 늘 긴장이 도사린다. 퇴폐의 강도가 높을수록 국가 개입과 통제의 필요성은 그에 비례하고 반대 경우 역시 관찰과 주시 대상이 되기 때문이다. 이제 와 지난 시절 되돌아보며 정치적 도발과 저항의 매개체로 퇴폐를 활용하려 들거나 자학과 위악의 도구론에 기대기라도 할라치면 그건 곤란할 것이다. 그게 가능이나 할까 의아하기도 하리라.

언어의 쓰임새와 유통의 사회 환경은 세월 따라 판이하였다. 달라도 너무 다른 의미체계와 함께 단층구조를 감싸고도는 편견의 층위도 덩달아 달라짐을 알게 되는 것 역시 시간문제다. 퇴폐는 어느덧 육체의 쾌락과 자본을 손쉽게 교환하려는 온갖 인위적 수단들을 일컫는다. 그러니까 퇴폐는 해 뜨자 이슬 녹아 '피어나는 꽃'이 아니라 세상에서 가장 현란하다는 페인트로 칠하고 네온에 형광마저 덧대도 허전한 속내 감추지 못할 '플라스틱 전구'처럼 이 순간도 명멸한다.

무르익어 드러나거나 그에 기대려는 인간의 정서가 아니라 만들고 꾸미며 조작 가능한 기획 대상으로 퇴폐는 '탄력적'이며 '관성적'이다. 누가 먼저랄 것도 없이, 아니 나중에 그 대열로 합류했는지조차 표도 안 나는 '흐름'이자 동시에 '대세'이며 '있어도' '없고' '사라져도' 어느새 고개 드는 거대한 '시치미'로 엄존한다. 경우에 따라 복제의 양이 너무 많아 공멸할 때도 있지만, 채우고 또 채워도 흔쾌하지 않은 허기에 치떨게 되는 감각의 빈곤으로 퇴폐는 '성업 중'이다. 어딘지 닮아있는 듯 보여도 퍽 다른 그런 기운으로 말이다. 앞서 이청준이 밝힌 정치적 '허기虛飢'와 같지 않은.

이 시대의 퇴폐는 성욕을 미끼삼아 사람을 유혹하고 이윤을 극대화하며 자신의 숨은 탐욕을 관장하려는 본능의 배양 '소素'이자 어슷비슷한 거울 샘플로 세상 곳곳에 포진한다. 삶의 '조건'이자 '전략'의 속내 감추는 퇴폐는 그래서 도시·농촌 가리지 않고 대지의 그늘 따라 지뢰처럼 파묻힌다. 매매춘 확산은 그 좋은 본보기다. 울기에 북받쳐 무능을 자학함이 강점기 매춘에서 읽을 수 있는 진솔한 정서의 하나였다면 저항할 상대도 사라져 정치적 객고客苦를 해소할 핑계란 본능 밖에 없는 오늘, 매춘 현장을 찾는 성 매수자들의 사연이란 거의가 육체를 육체로 소비하려는 단순배설욕구로 모아지는 중이다. 그것도 남몰래, 가능한 은근히.

문제는 욕망과 자본의 교환이 이루어질 수 있는 곳이라면 어디든 또 언제든 매매춘이 가능해졌다는 점이다. 전 국토의 매매춘 현장화. 살과 살이 맞부딪치고 욕망과 욕망이 야합할 수 있는 시·공간 장벽이 무너졌음은—퇴폐의 어의적 의미 변동이나 그 정치성 여부와 관계없이—이 땅도 가히 혁명적 변화의 시대로 진입하고 있음을 잘 말해준다. 관심 있는 사람들은 압축한다. 연간 발생하는 매매춘의 추정 건수(2010년/4,699만)는 거의 이 나라 전체 인구수에 육박한다고.

고스란히 믿긴 어렵지만 그건 믿어야 할 현실이다. 김기태와 하어영은 이렇게 말한다.

> 대한민국에서 매년 4천6백만건 이상의 성매매가 이뤄진다고 했을 때, 그중 3천5백만 건 이상의 성매매가 우리가 거리를 오가며 매일같이 스쳐 지나가는 룸살롱, 노래방, 다방 등에서 벌어진다고 보면 된다. 성매매는 전국 방방곡곡에서 이뤄지고 있을 뿐 아니라, 우리 생활 곳곳에서도 발견할 수 있을 정도로 흔한 일이 되었다. 일상이 된 성매매는 더 이상 낯선 얼굴을 하고 있지 않다. …… 성매매는 때론 지역 상인이 단속에 반대하고 나설 만큼 지역 경제에서 차지하는 비중이 커졌다. 지하경제가 합법적인 경제의 비호를 받으면서 스스로를 정상화하고 있는 셈이다. 경찰의 단속망을 피하기 위해 키스방이나 대딸방, 최근에는 '귀 청소 방'까지 등장할 정도로 성매매 업소는 스스로 '진화'하고 있기도 하다.[1]

2010년 동계로 이들은 '142,248명'이라는 상세한 성매매 여성인구 추정치까지 밝히고 있다. 이 수치는 전국 45개 성매매 집결지, 즉 '집창촌'으로 알려져 있는 공간과 알선 업소에 종사하고 있는 매춘여성인구를 치밀하게 합친 결과다. 현지 활동가들의 자문과 도움에 힘입어 신빙성 높은 자료를 토대로 조사한 전국의 집창촌 통계만 하더라도 총 '1,806개' 업소에서 한 해 동안 '4,779명'의 여성들이 성매매에 종사했음을 밝히고 있다.([표 3] 참조)

그러나 이처럼 자신을 드러내면서 매매춘에 나선 여성들뿐만 아니라 키스방 등 변종 성매매 업소와 인터넷을 통한 성매매 및 해외 성매매까지 합치자면 그 인구의 전체규모는 추정 불능 상태로 치닫는다. 게다가 관찰과 추적이 거의 불가능한 직접 출·퇴근형 자영 매춘의 경우(고속도로·항만·해변·공원 등지 유인)와 노인매춘, 원조교제, 호스트바까지 외연을 넓히자면 집계 자체가 곤란한 경우도 감안해야 한다.

그럼에도 불구하고 이들을 중심으로 동심원을 그리는 매매춘 관련업종의 사회적 파장은 간단치 않다. 이들과 함께 해야 할 사회적 노동규모까지 감안하자면 그 인구는 이제 수백만 단위를 넘나들 정도로 팽창하고 있다. 성매매 현장의 확실성을 고려한 객관적 수치에 집중 유념하여 규모의 최소값만 추출하다보면 정확성의 지탱에만 매달려 인구의 유동을 애써 배제하게 된다. 전국의 집창촌을 1,806개소로 묶고 2010년 종사자 총원 4,779명으로 한정하자면, 결국 새로운 통계가 나올 때까지 업소 1개당 평균 '2.65명'이란 비현실적 통계에 갇혀 있어야만 하기 때문이다.

[표 3] 전국 45개 성매매 집결지의 공간분포와 매춘여성 통계

구분	지역	약칭 · 속칭	업소 유형	업소 수(개)	여성 수(명)
1	서울 용산구	용산역전	유리방	102	129
2	서울 동대문구	청량리588	유리방	60	117
3	서울 영등포구	영등포 지역 일대	유리방	73	140
4	서울 강동구	천호동 텍사스	유리방	41	154
5	서울 성북구	미아리 텍사스	유리방	106	400
6	서울 동작구	이수역 팔팔골목	맥주 · 양줏집/방석집	14	20
7	부산 서구	완월동	유리방	60	220
8	부산 부산진구	범전동 300번지	유리방	16	59
9	부산 해운대구	해운대609	유리방	21	50
10	대구 중구	자갈마당	유리방	46	234
11	대구 중구	나룻배골목, 귀금속상가	여관 · 여인숙	36	76
12	인천 남구	옐로하우스	유리방	26	80
13	광주 동구	대인동, 금남로5가	유리방	40	220
14	광주 동구	무등로	맥주 · 양줏집/방석집	11	67
15	광주 서구	닭전머리	맥주 · 양줏집/방석집	35	212
16	대전 동구	중앙동 여인숙, 빽촌	여관 · 여인숙	70	100
17	대전 대덕구	중이동 맥주 양줏집, 카페촌	맥주 · 양줏집/방석집	36	85
18	경기 수원시	수원역전	유리방	99	181
19	경기 성남시	중동	맥주 · 양줏집/방석집	41	183
20	경기 평택시	쌈리	유리방	109	52
21	경기 평택시	신장동	기지촌	77	291
22	경기 평택시	안정리	기지촌	24	81
23	경기 동두천시	생연7리	유리방	24	64
24	경기 동두천시	보산동	기지촌	63	345
25	경기 동두천시	광암동(턱거리)	기지촌	9	32

26	경기 파주시	용주골	유리방	71	264
27	경기 파주시	법원20호	유리방	14	27
28	경기 의정부시	빼벌	기지촌	8	36
29	강원 춘천시	난초촌	유리방	16	39
30	강원 속초시	금호실업	유리방	5	8
31	강원 원주시	회매촌	유리방	22	27
32	충북 제천시	제천역 여인숙 골목	여관 · 여인숙	46	50
33	충북 청주시	밤고개 일대	맥주 · 양줏집/방석집	54	60
34	충남 아산시	장미마을	맥주 · 양줏집/방석집	26	120
35	충남 논산시	소쿠리전	여관 · 여인숙	21	26
36	전북 전주시	선미촌	유리방	46	122
37	전북 전주시	선화촌	여관 · 여인숙	43	56
38	전북 군산시	아메리카타운	기지촌	17	71
39	전북 정읍시	천주교 골목	맥주 · 양줏집/방석집	8	36
40	전남 여수시	여수역	여관 · 여인숙	28	26
41	경북 포항시	중앙대학	유리방	61	148
42	경북 경주시	적선지대(300고지)	유리방	7	13
43	경남 마산시	신포동 꽃동네	유리방	29	13
44	제주 제주시	산지천	여관 · 여인숙	13	20
45	제주 서귀포시	중앙시장 과붓집	맥주 양줏집/방석집	24	25
총 계				1,806	4,779

※ 출처 : 여성가족부「성매매 실태조사보고서」(2010년 9월말기준) ; 김기태 · 하어영, 『은밀한 호황 : 불 꺼지지 않는 산업, 대한민국 성매매 보고서』(서울 : 이후, 2012), p. 53에서 재인용.

이보다 훨씬 혹독한 현실은 결코 외면할 일이 아니다. 누가 어디서 하루에 언제 얼마나 성을 '사고파는' 지 숫자 이동이나 파동의 실제 부피는 가변적일 수밖에 없다. 때문에 통계는 그 자체만으로 우선의 중요성을 독점하기 어렵다. 그보다는 불황 속의 유일한 호황업종으로 매매춘의 파워 다이내믹스를 이끄는 동력과 쾌락의 메뉴를 치밀하게 들여다봄[2]이 우선일 터다. 매매춘 시장의 유통 메커니즘을 한층 세목화·구조화하는 인위적 퇴폐의 메뉴들을 정돈하는 일[3]은 그래서 통계의 보존만큼이나 중요하다.

'하나'로 '전체'를 들여다보려 함은 분명 문제다. 방법론적으로나 논리적으로 '그렇지 않다'고 말할 근거가 극히 약하기 때문이다. 하지만 '도약'과 '과장'의 한계를 무릅쓰고라도 유념할 점은 '하나'의 치밀한 천착이 모두를 설명할 현실의 단초를 이루며 인식의 중요한 단서를 제공한다는 것이다. 나무를 이해하기 위하여 뿌리와 잎새, 줄기와 엽록소, 끝동과 밑동 모두를 샅샅이 훑어야만 하는 건 아니다. '개체'의 전수全數조사만이 '총체'의 적확한 설명이나 과학적 논의의 지름길은 아니기 때문이다.

그렇다고 그 같은 방법이 논의의 종결을 위한 대표 수단임을 강조하려는 건 아니다. 현장의 모든 걸 다루기가 원천 불가능하다면 사고의 탄력과 응용도 얼마든지 눈여겨 볼 필요가 있을 것이다. 퇴폐의 사회 현장을 집창촌 등 전통 매매춘 공간으로만 국한할 수 없다면 새삼 들여다볼 오늘의 유사 업종을 임의 선별하여 치열하게 파고드는 것 역시 또 하나의 방법이 될 터다. 룸살롱에 주목해야 할 까닭도 이 때문이다.

본디 이 땅의 온갖 부패가 향락을 추구하는 인간의 본능과 이를 공유하는 이들의 '끼리끼리' 문화에서 배양되었던 것이 사실이었고 보면 감각과 의지를 같이하는 이들이 만날 수 있는 별도의 공간은 무엇보다 은밀할 필요가 있었다.[4] '그네들'이 누구인지, 어디서 만나 무엇을 도모하는 지 따월랑은 구태여 남들이 알 필요가 없었다. 해방 후 이완된 사회 분위기에다 '돈이면 다'인 풍조가 야합할 즈음, 요정과 권력이 손을 잡고 온갖 수직상승의 꿈이 제대로 날갯짓 하려들 때 룸살롱의 문화적 맹아도 고개를 쳐들기 시작한 건 결코 우연이 아니다. 하지만 그 문화의 발원이 무던히도 기생을 밝히던 옛 조선 사대부들이었다는 얘길랑은 예서 생략하자. 논점이 늘어지거나 분산되어 좋을 건 없을 터이니까.

오늘의 한국 룸살롱은 퇴폐의 정치경제학을 아우르는 대표 샘플이다. 2011년 한해만 해도 기업접대비는 8조원을 넘었다. 공식적으로 접대비 신고를 마친 법인 수만도 460,614개였으니 그 규모는 방대하다 못해 경악할 수준이다. 이미 억대를 넘어 조兆를 언급하는 수준의 한국 접대문화에서 룸살롱 빼곤 흐름을 짚을 수 없는 지경이다. 같은 해 기업 기부금 총액이 4조680억 원이었던 데 데 반해 접대비 총액이 8조3,535억 원이었으니 그 이기의 강도強度가 어느 정도였는지 감 잡을 수 있다. '기부'도 '접대'를 해야 가능하다는 기업의 엄살 섞인 역설도 여기서 가능할 것이리라.

문제는 이 같은 한국 기업의 '반이타적反利他的' 행태가 궁극적으로 기업 내부의 탐욕을 한층 강화·심화시킨다는 웃지 못할 현상에 있다. 이고이즘이 또 다른 이고이즘을 낳고 그 이고이즘에 의해 잡아먹히는 모순의 순환구조가 여기서 형성되는 셈이다. 2013년 2월 국내 일간지 기사에 따르면, 기업접대비 8조원 시대의 소비주체는 거의가 자기 '식구였다.'

> 접대에는 식사와 골프 등 다양한 형태가 있지만 접대가 이뤄지는 가장 대표적인 장소는 룸살롱이다. 지난달 10일 서울 서초동의 한 카페에서 강주원씨(가명)를 만났다. 강씨는 10여 년 전 룸살롱 웨이터로 시작해 지금은 룸살롱을 운영하고 있다. …… 8조원의 불편한 진실은 접대비 대부분이 실제 접대에 쓰인 돈이 아니라는 점이다. 강씨는 "8조원중에서 6조원 이상은 접대가 아니라 회사 동료끼리 먹은 것이다. 하루 열 팀이 온다고 하면 일곱 팀은 회사 동료끼리 온다. 진짜 접대는 많이 없다. 접대용 법인카드 가져와서 자기들끼리 먹는다. 우리만 그런 게 아니라 다른 업소도 마찬가지"라고 말

했다. …… 공무원 가운데는 세무, 경찰, 구청 공무원이 많이 오는 편이다. 강씨는 "접대하면 공무원이다. 세무서 공무원은 접대를 엄청 받는다. 세무서 직원이 '친다(세무조사하러 간다는 뜻)'고 전화하면 상대방은 인사하기 위해 접대할 수밖에 없다"고 말했다. 경찰은 친한 업소만 간다고 했다. 강씨는 "아직 경찰도 접대를 은근히 많이 받는 것 같다. 경찰은 갔다가 탈이 날 수 있으니까 믿고 갈 수 있는 곳만 간다"고 말했다. 그는 "구청 공무원은 계장급 이상이 접대를 받는다. 특히 시설과가 많이 받는다"고 전했다. 룸살롱을 운영하는 강씨도 접대를 해야 영업을 할 수 있다. 그가 접대하는 이들은 대부분 세무서 공무원이다. 강씨는 "우리도 '관 작업'이 안 되면 안 된다. 무너지긴 했지만 전국에서 가장 컸던 YTT(어제오늘내일)를 봐라. YTT는 방이 250-300개 정도 됐는데 세무서에서 터지지 않았느냐. 나도 다른 업소 사장에게 '세무서 형님 모시고 갈게'라고 전화해서 접대한다. 세무조사 받으면 (여파가) 엄청나기 때문에 어쩔 수 없다"고 말했다.[5]

그 대열에 공무원이 동행한다고 핏대 올리진 말 일이다. 수세기 지속된 역사의 상수였으니까. 강남의 어느 룸살롱 안에 방이 300개요, 호스티스가 500명이란 수치에도 흥분하지 말 것이다. '의지'와 '힘'이 합치면 못할 일 없는 데가 이 나라니까. 하지만 '규모'에 주눅 들고 '자본'에 압도당하는 장사가 그 업종인지라 통계에 집착하지 말자는 다짐은 잠시 접자. 속내는 가까이 다가서 보는 게 상책이며 알수록 기함氣陷하더라도 제대로 접근함이 옳을 터다.

> 룸살롱은 도대체 몇 개나 될까. 서울에서 룸살롱이 밀집해 있는 곳은 역삼동, 삼성동, 청담동 등 강남지역이다. 강남구청 자료를 보면 지난해 말 기준으로 신고된 단란주점은 403개, 유흥주점은 301개 업소였다. 서울 전체로 보면 지난해 말 기준으로 단란주점은 3,164개, 유흥주점은 2,377개 업소에 이른다. …… 룸살롱에도 등급이 있다. 룸살롱은 크게 '텐프로' '쩜오' '세미·클럽' '하이퍼블릭·퍼블릭' '하드코어·풀방' 등 5개 등급으로 나눌 수 있다. 가장 높은 급인 '텐프로'와 다음 단계인 '쩜오'는 전체 룸살롱의 10% 안팎이다. …… 가장 아래 등급으로 하드코어·풀방·하드풀방 등이 있다. 하드코어는 일명 '북창동 스타일'로 불리기도 한다. 하드코어에서는 불법 성매매가 아닌 유사 성행위가 이뤄진다. 물론 불법이다. 풀방은 불법 성매매를 하는 룸살롱을 말한다.

최근에는 하드코어와 풀방이 합쳐진 형태의 하드풀방, 하드풀방에 안마시술소를 합친 형태 등 룸살롱 형태도 점점 변화하고 있다. …… 룸살롱 업계에서는 저녁부터 새벽까지의 야간 영업을 1부, 점심부터 저녁까지의 영업을 2부라 부른다. 강씨는 "낮에 강남을 돌아다니다 보면 낮 12시쯤 술집에서 나오는 사람들이 있다. 나도 처음에는 뭐하는 사람들인가 싶었는데 알고 보니 손님이더라. 한 번은 오후 5시쯤 다른 가게에 놀러갔는데 손님 한 명이 완전히 취해 있었다. 종업원에게 언제 온 손님인지 물었더니 오후 1시에 왔다고 했다. 여성 접대부는 집에서 자다가 전화 받고 왔다고 했다. 강남에 룸이 20개 정도 있는 가게의 한 달 월세만 1,600만-2,000만원 정도다. 이렇게 하루 종일 풀로 돌려야 비싼 월세를 낼 수 있다"고 말했다.[6]

고객의 회전과 자본 유통이 이 정도 진행되려면 투자 수준은 어느 정도이어야 할는지도 추산은 가능하다. 이에 만족할 리 없다면 향후 투자방향을 고민해야 할 규모의 경제학도 감각의 정치학과 어떻게 힘을 합쳐야 할는지 과제로 남을 게 분명하다.

권력을 매개로 자신의 욕망을 해결하려는 자들과 사후 보상을 의도하는 이들이 추구하는 바가 무엇인지 너무나 잘 알고 있는 업주들은 결국 성적 욕망을 해소할 환경과 감각적 조건들을 차등화하는 데 주력한다. 룸살롱의 등급을 유형별로 세목화하거나 그에 따른 비용의 '다름'을 예시하는 경영전략은 욕망의 해소에도 '격'이 있음을 강하게 암시한다. 욕망의 해소 수단마저 세포분열의 덫을 통하려는 생각은 결과적으로 1) 성 매수買受자와 2) 성 매도賣渡자, 3) 비용 지불자와 4) 업주 등 네 당사자들의 암묵적 동의와 실행 의지를 바탕으로 관례화한다.

이는 곧 당사자들의 약점, 특히 본능의 취약성을 최대한 역이용하는 경영 전술과 보상의 정치심리를 자원 삼아 수없는 가치교환의 콰르텟quartet 네트워킹을 넓혀나간다. 단 한차례의 관계 형성만으로도 '잊을 수 없는' 충격과 '잊히지 않는' 흥분 효과를 극대화하는데 업주가 주력하는 동안, 알고도 환락의 거미줄에 걸려든 당사자들은 '누리고' '환호하며' 한껏 '바라되,' 회심回心의 미소로 다음 차례를 '곁눈질'한다.

돈과 성적 쾌락을 맞교환함으로써 서로의 숨은 동기를 해소·변제辨濟하는 데 룸살롱이 정치적 효율성을 지탱할 수 있는 건 업소유형의 다변화와 공간 운영의 감각적 분화가 가능하기 때문이다. 술을 팔되 업소와 숙소를 분리, 성을 끼워 팔던 동반판매방식에서 (모든 업소가 그렇진 않으나) 아예 살롱 안에 성을 내걸고 술을 뒤따르게 만드는 '유인'과 '추수'로 바뀐 관행이 어떻게

진화할는지는 미지수다.

중요한 건 퇴폐의 공간 분화가 끝없이 확장된다는 사실이다. 전진하지 못하면 지하방으로 숨거나, 막다른 골목이라면 옥상에 덧대고, 그래도 어려우면 위층 또 위층으로 수직 상승하는 환락의 꼭짓점 이동은 무한대로 펼쳐진다. 룸살롱을 드나들 형편이 안 된다 해도 걱정할 필요 없는 이유다. 돈이면 다 되는 세상 풍조는 자본과 욕망의 교환이 '즉발적으로' 이뤄질 공간을 도시 곳곳에 마련한다. 얼마나 많은 이들이 덫에 걸릴까 염려하는 건 따라서 쓸데없는 일이다. 누가 오든 언젠가는 걸려들며 그럴 것이란 믿음을 삽시간에 퍼뜨린다는 점에서 매매춘의 공간분화는 광속光速으로 이루어진다.

다음 경우도 마찬가지다.

> 서울 강남 한복판 A초등학교는 성매매 업소에 둘러싸여 섬처럼 고립돼 있었다. 학교 반경 500m 안쪽에도 변태 성행위를 하는 곳이 수두룩했다. 서울 강남경찰서는 (2013년 4월) 17일 "A초등학교 부근의 성매매·유사 성행위 업소를 '맞춤형 단속'했더니 20개 업소가 무더기로 적발됐고 입건된 업주, 성매매 여성, 성매수 남성도 50여명에 이른다"고 밝혔다. 경찰 관계자는 "물감이 번지듯 유흥가에 밀집한 성매

매 업소들이 주택가와 상가로 침투하다가 초등학교 코앞까지 오게 된 것"이라고 말했다. 경찰에 따르면 립카페를 운영하는 전모(35)씨는 지난 3일 A초등학교 근처에서 명함 크기의 성매매 전단을 뿌리고, 시간당 4만원에 유사 성행위를 알선한 혐의로 경찰에 붙잡혔다. 단속 당시 전씨는 초등학교와 700m 떨어진 상가건물 지하 1층에 룸 4개를 갖춰놓고 장사를 하고 있었다. 적발된 다른 업소들도 대부분 학생이 하교하는 오후 4-5시부터 영업을 시작해 성매매 여성과 침대, 콘돔 등을 갖춰놓고 성매매를 했다고 경찰은 밝혔다. 적발된 업소 가운데는 유사 성행위를 하는 립카페가 10곳으로 가장 많았다.[7]

학교 반경 5백미터 이내 4곳의 초근접 업소로는 립카페 3곳과 키스방 1곳, 반경 5백미터에서 1.5킬로미터 사이에 립카페 5곳과 대딸방 1곳, 마사지·안마업소 2곳, 오피스방 1곳, 키스방 1곳이 있는가 하면, 1.5킬로미터에서 2킬로미터 사이에 마사지·안마업소 3곳, 대딸방 1곳, 립카페 2곳 등이 적발될 정도다. 하지만 이 또한 사라지거나 바뀔 수치다. 권력과 자본이 서로를 갈구하는 만큼 이들을 함께 유인할 핑크빛 전술과 걸려들 함정을 파는 시간도 바람의 속도를 능가하기 때문이다. 통계가 중요하되, 허망한 까닭이다.

얼마나 자주 사람들이 그곳을 '찾고' '누렸느냐' 보다 거길 '왜' 갔는지 애써 이해하려면 못할 리도 없다. 그렇다고 전폭적 지지는 아닌, 안타깝지만 정겨운 비아냥도 한껏 묻어나는 걸 보며 굳이 동정이라 말할 필요까진 없으리라. 룸살롱에서 헤매는 남자의 처진 어깨를 보며 박송이는 이렇게 형용한다.

> 나의 결핍과 동시에 사회 문화의 결핍이 겹치는 부분을 드러내는 것이 중요합니다. 왜냐하면 그 부분이야말로 퇴폐와 예술로 양분할 수 없는 그 어떤 지점과 만나기 때문입니다. 베케트의 말대로 우리는 더 잘 실패하는 수밖에 없습니다. 룸살롱은 우리가 더 잘 실패하는 것을 보여주는 공간입니다. 바람은 바람이 부는 대로 가는 거지 언제 한 번 책임지는 거 봤습니까. 여기는 마지막 열차입니다. 방입니다. 미로입니다. 깜깜합니다. 계단은 지하로 내려가는 또 다른 길입니다. 나는 뒤통수를 쫓아갑니다. 혼자 가는 남자입니다. 가는 방마다 문이 열리고 가는 방마다 노래가 흘러나옵니다. 혼자 가는 남자는 술을 따르지 않습니다. 술을 마시면 술이 채워지는 이상한 술잔입니다. 여자가 웃습니다. 여자는 남자에게만 웃습니다. 여자는 가령 에어컨이나 바나나 따위에게

는 웃음을 팔지 않습니다. 여자의 정조는 생리대의 새 것처럼 갈아 끼움을 신조로 삼기 때문입니다. 남자는 똥을 싸면 똥이 내려가는 변기통에 엎어져 있습니다. 남자는 말이 없습니다. 무슨 말을 중얼거리는 것도 같습니다. '막차에 덩그러니 남아 있는 느낌을 아십니까' 라고 묻는 것도 같습니다. 아무도 바라보지 않는데 홀로 어색하고 민망한 그 느낌말입니다. 남자의 속내를 알 수는 없지만 나는 남자의 얼굴이 변기통 속으로 쓸려 가는 상상을 합니다. 남자는 자기에게 접대를 받고 싶습니다. 오랜 숙원의 일처럼 남자는 자기를 접대합니다. 남자는 압니다. 이 모든 게 부질없고 허망하단 걸 말입니다. 그러나 남자는 압니다. 그러나 그게 영 싫지만은 않습니다. 지하철 3호선이 달려옵니다. 출입문을 닫습니다. 여기는 남자만 있는 방입니다.[8]

돈 쓰고 몸 써도 행복해지기만 한다면야 보람도 느끼련만 이 같은 '두둔'이 그러나 상황의 호전을 보장해 주는 건 아니다. 아니 더 박막하고 마음 둘 데 없이 헛헛한 통증의 골만 깊이 파 놓는 데 그곳은 이바지한다. 예정된 실패를 한껏 훌륭히 연출해 주기 위하여, 아니 결핍의 충만을 위하여 어디선가 누군가의 위로가 필요하다면 그곳의 '시급성時急性'이란 아무래도 절박하지 않다. 애무로 끝낼 '고통'도 아닐뿐더러 타자의 몸과 공간을 빌린 해소는커녕 감내堪耐의 의무를 온몸으로 치러야 할 인구는 헤일 수 없이 많음을 잘 아는 우리들이니까.

흥미로운 것은 위의 인용문에 드러나는 '퇴폐'의 철저한 자기부정과 무의식적인 일반화다. 이 같은 자세는 여기서만 도드라지는 게 아니다. '퇴폐'를 '예술'과 견주려는 태도는 그나마 다행이다. 퇴폐는 더 이상 내려갈 곳 없는 '세상의 모든 바닥'이며 어떤 소독약으로도 치우지 못할 온갖 '지저분'과 동격이다. 그리하여 한때나마 '그것'이 예술적 의미와 여운을 풍기던 때도 있었음을 환기시켜 준다. 한번 찍히면 죽는 날까지, 아니 죽어서도 온전히 편견의 족쇄를 간직해야 할 나라. 사실과 가치는 분리시킬 수 없으며 갈라져서도 안 되며 늘 붙어 다녀야 하는 땅. 허구와 위선을 떨친다는 게 부질없고 허망한 일임을 잘 알면서도 그게 싫지 않아 되풀이 찾는 곳. 그리고 반복하는 그 짓.

퇴폐와 룸살롱이 따로 갈 수 없는 이유도 그 안에 답이 있고 호기심을 잉태하는 온갖 질문들이 꼬리를 문다. 누군가 천박해 주어야만 그보다 나은 존재가 '출현·복제·순환'하듯 더럽고 추잡한 데가 넓어질수록 단아하고 정갈한 곳들은 가만히만 있어도 환히 빛난다. 깨끗한 이들이 더러운 사람들을 만들어내고 오염된 곳들이 청아한 공간을 한층 돋보이게 한 것이었다.

룸살롱이 뒤집어 써야 하는 편견의 동아줄로 성매매 집결지와 유사업소를 묶고 왕년의 이발소에서 돌던 싸인 볼로 오늘의 마사지 업소 간판들을 후려치는 세상을 탓하기란 그래서 어렵다. 업소가 더러운 '데'라면 여관도 덩달아 후진 '곳'이 되고, '창녀'하면 떠오르는 선입견으로 언감생심 노래방 도우미까지 의심해야 할 나라가 되어버린 것이다.

이런 현실 속에서 퇴폐를 예술 그 자체로 보거나 적어도 둘을 나란히 이해하려는 인식의 파격을 기대하기란 힘겹다. 퇴폐는 이제 음란과 부패, 타락과 방종, 무질서와 탐닉, 불의와 범죄, 간통과 불륜의 이음동어[9]로 작동한다. 구리고 냄새나며 썩기 시작하여 같이 있을 수 없는 온갖 대상에게 갖다 붙일 '못된' 형용사로 이 단어가 확대 재생산되는 순간, 그 사용자는 상대적으로 순결해지는 마력 또한 흔쾌히 발휘한다. 긴박감이나 역사의 암담함이 커져 항변의 도구로까지 빛나던 어휘를 정미소 쭉정이처럼 삿되게 유통하는 오늘의 무책임을 단죄할 근거도 약하기만 한 건 이제 또 다른 비극으로 남는다.

위악과 자학으로 일관하던 인생들이 한때 외피처럼 '두르던' 퇴폐의 시절이 향기로워서가 아니다. 해방 공간에서 몸 팔던 매춘부의 처연함이 오늘 호스티스들이 내뿜는 화사함보다 더 치명적이거나 고혹적이어서도 아니다. 퇴폐는 어느 한 공간, 어느

한 시대를 가로지르는 특정 현상이 아니며 유별난 인간들만이 저지르는 용서받지 못할 죄악이 아니란 사실을 명확히 이해해야 하기 때문이다. 그로써 '속절없는' 세상의 잘못된 인식이 '갑갑하게' 이어지고 있다는 점도 이유의 큰 줄기를 이룬다. 퇴폐는 죄가 없다. 누군가의 소유물도 아니고 어느 한 곳에 찌들어 달라붙어 있는 사회적 갑각류甲殼類들이나 얼굴 없는 빈대의 무덤도 아니다. 영영 가보지도 않았고 살다가 만나볼 일조차 없는 듯, 함부로 연상하고 엉뚱하게 탈색시켜 버리는 '사람들'이 문제다. 단어만 보면 찡그리고 어휘만 떠오르면 진저리치는.

*　　　*　　　*

사회 언어로 통용되던 퇴폐는 유교국가 조선의 '것'을 의미의 원형으로 삼는다. '무너지고' '사라지는' 온갖 것들의 아연함을 낭만적으로 이해할 단서와 역사의 오랜 기억들로 대체할 여유도 거기서 비롯되었음을 잊지 말아야 한다.

무너진 성곽과 함께 고스란히 허물어져 내린 진흙 빛 토담의 내력으로부터 출발한 퇴폐의 뜻이 인간의 타락과 패덕으로 이어지는 용례의 변화도 처음부터 막나가던 건 아니었다. 나라 잃고 언어 뺏겨 울분으로 터져나던 심사를 달래려다 이내 자폐와 저항의 도구로 제 가슴 쥐어뜯으며 채근해대던 억하심정抑何心情하며, 마음 붙일 곳 없어 터뜨리던 여한餘恨의 처소處所일랑 지금의 숱한 육욕들이 도망치려 들 때 기대는 시치미와는 그 모습부터가 달랐다.

씹을 것 생기면 한도 끝도 없이 씹어대다 함부로 뱉어내는 동물의 이름은 '인간'이었다. 욕망만 해소하고 나면 모든 걸 끝내고 마는 편리한 날것들의 가면도 '사람'의 것이었다. 한없이 부족해 보아야 아쉬움의 진가를 알 듯, 풍요의 시대에 다가오는 빈곤은 그저 견디지 못할 고통의 다른 표현에 지나지 않았다.

하지만 퇴폐는 이제 모두의 것이다. 어느 누구만의 것이 아니기에 퇴폐는 보이지 않고 보여도 없는 듯 인식된다. 모두의 것이기에 아무도 겪지 않은듯 보이며 쓰리고 아릴망정 자신의 '그 것'은 남들과 다르다고만 여기는 오만도 욕망을 키우는 이기의 맹아와 함께 날로 푸르기만 하다.

'무너지고' '사라지는' 모든 것들을 퇴폐라 부른지 오래되었다는 이유가 의미의 기본을 폐기할 또 다른 까닭이 될 수는 없다. 허물어진 현장이 폐허로 남을망정, 척박한 땅에 다시 자목련紫木蓮 현란하게 피어나는 연유에 이제 눈떠야 한다. 의연하고 점잖게 이승에서 꽃 이파리 자랑할 날 며칠 안 된다 해도 사는 동안 더없이 빛나는 사연을 직시하는 그 일 말이다.

지고나면 한구석 썩어 검은 불행을 재촉하더라도 꽃자리의 목 타는 애수 앞에, 잠시라도 아주 잠시라도 진지할 일이다. 화려하기 이를 데 없던 모든 생명체의 소멸과 추락을 퇴폐로 불러야 한다면 '사라짐'과 '부서짐'은 함께 절박하다. 그 때 아주 잠깐이라도 머물다 사라질 시간과 공간이 주어진다면 그건 모두 퇴폐의 것이리라. 실은 절박한, 그러나 한껏 태연한 척 안색 바꾸는 모든 정치적 변명의 처소는 퇴폐, 그 놈이 앉았다 떠날 자리다.

주

1 김기태·하어영, 『은밀한 호황 : 불 꺼지지 않는 산업, 대한민국 성매매 보고서』(서울 : 이후, 2012), p. 57.

2 세기말 강남을 분석한 결과로 다음 참조할 것. 김미선, 『강남 훔쳐보기 : 내가 강남에 왔을 때 과연 무슨 일이 일어났는가?』(서울 : 다리미디어, 1999).

3 호스트바와 룸살롱의 경우를 해부하는 몇 가지 수기류 고백은 이를 위해 보탬이 된다. 오샤레, 『호빠일기』(서울 : 이야기마을, 2002) ; 이재익, 『아가씨』(서울 : 문학사상, 2012) ; 한연주, 『나는 취하지 않는다』(서울 : 다시, 2006) ; 윤민호, 『소설 웨이터』(서울 : 창작시대, 2002). 일본의 경우는 다음 참조할 것. 이시다 이라 지음·최선임 옮김, 『렌트 : 스무 살, 그해 여름 나를 사로잡은 달콤한 미열』(서울 : 황매, 2007)[원전은 石田衣良, 『娼年』(東京 : 集英社, 2006)].

4 강준만, 『룸살롱 공화국 : 부패와 향락, 패거리의 요새 밀실접대 65년의 기록』(파주 : 인물과사상사, 2012).

5 김경학 기자, "탐사보도 '세상 속으로'·"술값 75%는 회사 동료들끼리 먹은 것" : 룸살롱 업주의 고백," [입력 : 13/02/01 21:04:17 ; 수정 : 13/02/02 11:23:05] http://news.khan.co.kr/kh_news/khan_art_view.html?artid=201302012104175&code=940100

6 김경학 기자, "탐사보도 '세상 속으로'·'텐프로 2차' 연예인급 외모면 가격 상상초월 : 요지경 속의 룸살롱," [입력 : 13/02/01 21:07:13; 수정 : 13/02/02 11:45:27] http://news.khan.co.kr/kh_news/khan_art_view.html?artid=2013020

12107135&code=940100

7 김형원 기자·이민석 기자, "강남 한 초등학교 2㎞내 성매매 업소 20곳 적발," [입력 : 13/04/18 03:05 ; 수정 : 13/04/18 07:14] http://news.chosun.com/site/data/html_dir/2013/04/18/2013041800170.html?news_Head1

8 박송이 시인, "룸살롱 : 욕망이 춤추는 지하도시," [입력 : 13/02/01 19:47:04; 수정 : 13/02/12 11:35:40] http://news.khan.co.kr/kh_news/khan_art_view.html?artid=201302011947045&code=960202

9 '퇴폐'와 '예술'을 철저히 갈라놓아야만 세상의 온갖 '법칙'과 '변칙'들이 또렷이 구분된다. 불륜을 사정없이 욕하고 지상의 모든 간통을 벌해야 한다고 여지없이 외쳐야만 '순결' 가치가 한결 청초해지는 것도 웅변으로 토를 달 일은 아니다. 이에 관해서는 다음 참조할 것. 이동연, "저 들판에 푸르른 '러브호텔'을 보라," 이동연, 『대중문화연구와 문화비평』(서울 : 문화과학사, 2002), pp. 229-244; 강준만, 『매매춘, 한국을 벗기다 : 국가와 권력은 어떻게 성을 거래해왔는가』(서울 : 인물과사상사, 2012), pp. 195-244.

:: 도움 받은 자료들

I. 단행본

강준만. 『룸살롱 공화국 : 부패와 향락, 패거리의 요새 밀실접대 65년의 기록』(파주 : 인물과 사상사, 2012).

강준만. 『매매춘, 한국을 벗기다 : 국가와 권력은 어떻게 성을 거래해왔는가』(서울 : 인물과사상사, 2012).

권명아. 『무한히 정치적인 외로움 : 한국 사회의 정동을 묻다』(서울 : 갈무리, 2012).

권명아. 『식민지 이후를 사유하다 : 탈식민화와 재식민화의 경계』(서울 : 책세상, 2009).

권명아. 『역사적 파시즘 : 제국의 판타지와 젠더 정치』(서울 : 책세상, 2005).

권명아. 『음란과 혁명 : 풍기문란의 계보와 정념의 정치학』(서울 : 책세상, 2013).

권보드래·천정환. 『1960년을 묻다 : 박정희 시대의 문화정치와 지성』(서울 : 천년의상상, 2012).

권영민 엮음. 『최태응 문학전집1』(서울 : 태학사, 1996).

김기태·하어영. 『은밀한 호황 : 불 꺼지지 않는 산업, 대한민국 성매매 보고서』(서울 : 이후, 2012).

김미선. 『강남 훔쳐보기 : 내가 강남에 있을 때 과연 무슨 일이 일어났는가?』(서울 : 다리미디어, 1999).
김민수. 『이상평전』(서울 : 그린비, 2012).
김수진. 『신여성, 근대의 과잉 : 식민지 조선의 신여성 담론과 젠더정치, 1920-1934』(서울 : 소명출판, 2009).
김예림. 『1930년대 후반 근대인식의 틀과 미의식』(서울 : 소명출판, 2005).
김재용. 『협력과 저항 : 일제 말 사회와 문학』(서울 : 소명출판, 2005).
김재희. 『경성탐정 이상』(서울 : 시공사, 2012).
김학동 엮음. 『오장환 전집』(서울 : 국학자료원, 2003).
김행선. 『6·25전쟁과 한국사회문화변동』(서울 : 선인, 2009).
나인호. 『개념사란 무엇인가』(서울 : 역사비평사, 2011).
박종성. 『문학과 정치 : 억압과 우울의 나날, 그리고 병病든 근대』(고양 : 인간사랑, 2004).
박종성. 『조선은 법가의 나라였는가 : 죄와 벌의 통치공학』(고양 : 인간사랑, 2007).
박종성. 『한국정치와 정치폭력 : 해방 후 권력과 민중의 충돌』(서울 : 서울대학교출판부, 2001).
방성혜. 『조선, 종기와 사투를 벌이다 : 조선의 역사를 만든 병·균·약』(서울 : 시대의창, 2012).
백 철. 『신문학사조사』(서울 : 신구문화사, 1983).
백 철. 『조선신문학사조사 현대편』(서울 : 백양당, 1950).
石田衣良. 『娼年』(東京 : 集英社, 2006).
손정수. 『개념사로서의 한국근대비평사』(서울 : 역락, 2002).
신범순. 『한국현대시의 퇴폐와 작은 주체』(서울 : 신구문화사, 1998).
양애경. 『한국 퇴폐적 낭만주의 시 연구』(서울 : 국학자료원, 1999).
오명근. 『그 이상李箱은 없다 : 팩션으로 읽는 1930년대 문화예술인의 초상』(서울 : 동양문고 · 상상공방, 2005).
오사레. 『호빠일기』(서울 : 이야기마을, 2002).
윤민호. 『소설 웨이터』(서울 : 창작시대, 2002).
이라, 이시다 지음 · 최선임 옮김. 『렌트 : 스무 살, 그해 여름 나를 사로잡은 달콤한 미열』(서울 : 황매, 2007).
이영아. 『육체의 탄생』(서울 : 민음사, 2008).
이재익. 『아가씨』(서울 : 문학사상, 2012).
이청준. 『씌어지지 않은 자서전 외』(서울 : 중앙일보사, 1987).
이호규. 『손창섭 : 생래生來와 현실의 비극적 함수』(서울 : 글누림, 2011).
임화문학예술전집 편찬위원회(엮음). 『임화문학예술전집5 : 평론2』(서울 : 소명출판, 2009).
임종욱. 『이상은 왜? 1 : 그 해 겨울의 까마귀』(서울 : 자음과모음, 2011).
임종욱. 『이상은 왜? 2 : 박제를 넘어 영원으로 날다』(서울 : 자음과모음, 2011).
전미정. 『한국 현대시와 에로티시즘』(서울 : 새미, 2002).
정비석. 『자유부인』(서울 : 정음사, 1954).
조연현. 『한국현대문학사』(서울 : 성문각, 1974).
조영복. 『1920년대 초기 시의 이념과 미학』(서울 : 소명출판, 2004).
차승기. 『반근대적 상상력의 임계들 : 식민지 조선 담론장에서의 전통 · 세계 · 주체』(서울 : 푸른역사, 2009).
차승기 · 정종현 엮음. 『서인식전집 I : 역사와 문화』(서울 : 역락, 2006).
차승기 · 정종현 엮음. 『서인식전집 II : 신문 · 잡지편』(서울 : 역락, 2006).
하영선 · 손열 엮음. 『근대 한국의 사회과학 개념 형성사2』(파주 : 창비, 2012).
한연주. 『나는 취하지 않는다』(서울 : 다시, 2006).

II. 논문

강계숙. "'미적 전위'가 탄생하기까지 : 4·19혁명이 한국 시에 미친 영향 하나," 『문학과 사회』 통권88호(2009 겨울), pp. 367-386.

강계숙. "'시의 정치성'을 말할 때 물어야 할 것들," 『문학과 사회』 통권87호(2009 가을), pp. 374-389.

강명관. "조선시대의 성담론과 성性," 한국한문학회(편), 『한국한문학연구』 제42집(2008), pp. 9-43.

강민호. "이금발李金髮 시詩의 퇴폐미에 대한 소고小考," 영남중국어문학회(편), 『중국어문학』 제50호(2007), pp. 47-75.

강재헌. "여항 가객 작품에 나타난 경제 상황과 문화적 지향 : 김천택과 김수장의 경우를 중심으로," 한국고시가문학회(편), 『고시가연구』제29집(2012), pp. 5-32.

계정민(Joeng Meen Gye). "Journey into Modern Literature Realism, Naturalism, Pre-Raphaelitism, Aestheticism, and Decadence," 근대영미소설학회(편), 『근대 영미소설』 제9집 1호(2002), pp. 165-180.

공임순. "자기의 서벌턴화와 코스모폴리탄이라는 이념형 : '전향'과 김남천의 소설," 상허학회(편), 『상허학보』 제14호(2005), pp. 71-102.

곽명숙. "1920년대 초기시의 미적 초월성과 상징주의," 서울대학교 규장각 한국학연구원(편), 『한국문화』 제40집(2007), pp. 101-125.

곽차섭. "르네상스기 이탈리아의 동성애자들," 곽차섭·임병철 엮음, 『역사 속의 소수자들 : 우리 시각으로 읽는 세계의 역사 3』(서울 : 푸른역사, 2009), pp. 18-39.

권도희. "20세기 기생에 대한 예술사적 접근," 이화여자대학교 한국여성연구원(편) 학술저널, 『젠더와 문화세미나』(2005.11.3-2006.4.27), pp. 87-105.

권명아. "식민지 경험과 여성의 정체성 : 파시즘 체제하의 문학, 여성, 국가," 한국근대문학회(편), 『한국근대문학연구』 제6집 1호(2005), pp. 71-114.

권명아. "식민지 내부의 감각의 분할과 정념의 공동체 : 병리학에서 정념-론으로의 전환을 위한 시론, "동아대학교부설 석당전통문화연구원(편), 『석당논총』 제53집(2012), pp. 1-46.

권명아. "음란함과 죽음의 정치 : 풍기문란과 근대적 주체화의 역학," 한국현대소설학회(편), 『현대소설연구』 제39호(2008), pp. 27-54.

권명아. "정조 38선, 퇴폐, 그리고 문학사 : 풍기문란과 냉전 프레임을 중심으로," 한국여성문학학회(편), 『여성문학연구』 제22호(2009), pp. 213-250.

권명아. "죽음과의 입맞춤 : 혁명과 간통, 사랑과 소유권," 『문학과 사회』(2010 봄), pp. 275-307.

권명아. "파시즘과 '해방의 정치'의 딜레마 : 사회적 약자의 해방의 에너지와 생존," 문화과학사(편), 『문화과학』 제58호(2009), pp. 143-161.

권성우. "임화, 혹은 세 가지 저항의 방식," 한국문학연구학회(편), 『현대문학의 연구』 제33호(2007), pp. 35-62.

김경란. "관기官妓 초월楚月의 상소에 나타난 19세기의 사회상," 한국인물사연구소(편), 『한국인물사연구』 제7호(2007), pp. 235-259.

김경연. "헤어 업스타일에 표현된 해체적 특성에 관한 연구," 한국미용예술학회(편), 『한국미용예술학회지』 제1집 3호(2007), pp. 27-32.

김대홍. "조선시대 어우동於宇同 음풍淫風사건의 전모와 당시의 법적 논의," 한국법사학회(편), 『법사학연구』 제44호(2011), pp. 143-169.

김면수. "이상 소설과 '요부妖婦':'금홍錦紅'을 중심으로," 한국여성문학학회(편), 『여성문학연구』 제5호(2001), pp. 163-187.

김미덕. "한국 문학에서 기지촌 성매매 여성과 아메라시안에 대한 연구," 숙명여자대학교 아시아여성연구소(편), 『아시아여성연구』 제46권 2호(2007), pp. 7-54.

김병구. "염상섭의 『광분狂奔』론," 반교어문학회(편), 『泮矯語文硏究』제30호(2011), pp. 205-231.

김상원. "한국 여성의 성 의식에 관한 계층별 비교 연구," 경기대학교 교육대학원(편), 『경기교육논총』 제7호(1998), pp. 5-72.

김선영. "장 뽈 고띠에르의 오뜨 꾸뛰르 작품에 표현된 미적 특성," 대한가정학회(편), 『대한가정학회지』 제44집 4호(2006), pp. 1-9.

김성진. "희곡에 표출된 목포 이미지 고찰:김우진·박화성·차범석 희곡을 중심으로," 중앙어문학회(편), 『어문논집』 제37호(2007), pp. 169-200.

김수이. "임화의 서정주 시 비평의 논리와 근거:임화의 비평에 나타난 시차視差, 2" 어문연구학회(편), 『어문연구』 제63호(2010), pp. 271-294.

김예림. "1930년대 후반 몰락/재생의 서사와 미의식 연구," 연세대학교 대학원 국어국문학과 박사학위논문(2003).

김욱동. "'아름다움의 종교':유미주의의 개념과 본질," 서강대학교 인문과학연구소(편), 『서강인문논총』 제5집(1996), pp. 175-208.

김인환. "작품분석과 사회분석:퇴폐문제," 고려대학교 민족문화연구소(편), 『민족문화연구』 제18호(1984), pp. 1-51.

김재원. "19세기말 신체 이미지 메타포Metaphor의 상징성 연구," 한양대학교 대학원 응용미술학과 박사학위논문(2007).

김종근. "식민도시 경성京城의 유곽공간 형성과 근대적 관리," 한국문화역사지리학회(편), 『문화 역사 지리』 제23권 1호(2011), pp. 115-132.
김주리. "식민지 시대 소설 속 온천 휴양지의 공간 표상," 서울대학교 규장각 한국학연구원(편), 『한국문화』 제40호(2007), pp. 127-155.
김주현. "이상 문학에 관한 몇 가지 주석," 『문학·선』 통권23호(2010), pp. 44-84.
김지영. "'기괴'에서 '괴기'로, 식민지 대중문화와 환멸의 모더니티," 한림과학원(편), 『개념과 소통』 제5호(2010), pp. 39-78.
김지영. "식민지 대중문화와 '청춘' 표상," 한국학중앙연구원(편), 『정신문화연구』 제34집 3호(2011), pp. 145-182.
김학균. "1920년대 장편소설의 여성 초점화와 근대적 주체:「환희」, 「재생」, 「이심」을 중심으로," 한국문학연구학회(편), 『현대문학의 연구』 제42집(2010), pp. 311-333.
김 항. "'결단으로서의 내셔널리즘'과 '방법으로서의 아시아':근대일본의 자연주의적 국가관 비판과 아시아," 성균관대학교 대동문화연구원(편), 『대동문화연구』 제65집(2009), pp. 487-521.
김형중. "문학과 정치 2009:'윤리'에 대한 단상들," 『문학과 사회』 통권87호(2009 가을), pp. 343-357.
김환표. "키스의 역사:입술은 제2의 정조인가?·1," 인물과사상사(편), 『인물과 사상』 제161호(2011), pp. 151-186.
김효석 "최태응 소설의 작중 인물 고찰:결손인물형을 중심으로," 우리문학회(편), 『우리문학연구』 제30집(2010), pp. 261-289.
김효신. "한국 근대 문화의 춘원 이광수와 이탈리아 파시즘," 영남대 민족문화연구소(편), 『민족문화논총』 제37집(2007), pp. 551-622.
남기혁. "서정주 초기시의 근대성 재론:'육체'와 '직정언어'의 문제를 중심으로," 한국문학언어학회(구 경북어문학회)(편), 『어문논총』 제53호 (2010), pp. 313-350.

남기혁. "오장환시의 육체와 퇴폐, 그리고 모럴의 문제 : 해방 이전의 시 창작을 중심으로," 한국문학이론과 비평학회(편), 『한국문학이론과 비평』 제54집(2012a), pp. 155-190.

남기혁. "정지용 초기시의 '보는' 주체와 시선의 문제 : 식민지적 근대와 시선의 계보학(2)," 한국현대문학회(편), 『한국현대문학연구』 제26집 (2008), pp. 161-201.

남기혁. "해방기 시에 나타난 윤리의식과 국가의 문제 : 오장환과 서정주의 해방기 시에 대한 비교를 중심으로,"한국문학언어학회(구 경북어문학회)(편), 『어문논총』 제56호 (2012b), pp. 183-214.

노현미. "근송近松의 삼대 간통극 일고찰 : 주인공의 의지를 중심으로," 한국일본어교육학회(편), 『일본어교육』 제37집(2006), pp. 193-214.

문강형준. "허무를 허물기 : 파국 시대의 정념에 대하여," 『문학동네』 통권 67호(2011 여름), pp. 576-594.

박광현. "다카하시 도오루와 경성제대 '조선문학' 강좌 : '조선문학' 연구자로서의 자기동일화 과정을 중심으로," 서울대학교 규장각 한국학연구원(편), 『한국문화』 제40집(2007), pp. 27-57.

박근예. "단층파 문학 연구," 이화여자대학교 대학원 국어국문학과 석사학위논문(1999).

박선영. "서정주 초기 시에 나타나는 감금의 공간 메타포 연구," 어문연구학회(편), 『어문연구』 제56호(2008), pp. 417-440.

박선희. "현대패션에 있어서의 그로테스크적 패션메이크업 특성," 공주영상정보대학(편), 『논문집』 제7집(2000), pp. 329-339.

박숙자. "근대문학의 형성과 감정론 : '감정과잉'의 문학사적 평가와 관련하여," 한국어문교육연구회(편), 『어문연구』 제34권 3호(2006), pp. 351-370.

박숙자. "비감한 욕망, 불륜의 형식," 한국여성연구소(편), 『여성과 사회』 제12호(2001), pp. 104-118.

박승희. "1920년대 데카당스와 동인지 시의 재발견," 한민족어문학회(편), 『한민족어문학』 제47호(2005), pp. 311-334.

박애경. "19세기 도시유흥에 나타난 도시인의 삶과 욕망," 연세대학교 국학연구원(편), 『개항전후 한국사회의 변동』(파주: 태학사, 2005), pp. 121-145.

박재석. "1950년대 손창섭 소설 연구: 한국전쟁 직후 경험의 서사적 구성 방식을 중심으로," 연세대학교 대학원 국어국문학과 석사학위논문(2002).

박정미. "'음행의 상습 없는 부녀'란 누구인가?: 형법, 포스트식민성, 여성 섹슈얼리티, 1953-1960년," 한국사회사학회(편), 『사회와 역사』 제94호(2012), pp. 261-295.

박정석. "오장환 초기 시의 감정과 비극성," 민족어문학회(편), 『어문논집』 제66호(2012), pp. 335-361.

박종성. "강점기 조선정치의 문학적 이해: 염상섭의 『광분狂奔』과 관련하여," 서울대학교 한국정치연구소(편), 『한국정치연구』 제7호·공삼 민병태 교수 20주기 추모특집(1997), pp. 319-348.

박종성. "강점기 조선정치의 문학적 이해 II: 이상李箱과 서인식의 경우," 서울대학교 한국정치연구소(편), 『한국정치연구』 제14집 2호(2005), pp. 1-32.

박호영. "일제강점기 혁명적 낭만주의 이입 연구: 바이런과 셸리를 중심으로," 한중인문학회(편), 『한중인문학연구』 제28호(2009), pp. 19-

38.
배경렬. "손창섭 소설에 드러난 우울자의 저항방식과 희극성," 한국문학회(편), 『한국문학논총』 제34호(2003), pp. 507-535.
백운복. "오장환의 시 연구," 한국문학이론과 비평학회(편), 『한국문학이론과 비평』 제4집(1999), pp. 237-263.
백지은. "손창섭 소설에서 '냉소주의'의 의미," 한국현대소설학회(편), 『현대소설연구』 제20호(2003), pp. 275-303.
서지영. "표상, 젠더, 식민주의 : 제국 남성이 본 조선 기생," 숙명여자대학교 아시아여성연구소(편), 『아시아여성연구』 제48권 2호(2009), pp. 65-96.
설혜심. "Commercialization of Leisure : English Spa Towns in the Sixteenth and the Seventeenth Centuries," 한국서양사학회(편), 『서양사론』 제48집 1호(1996), pp. 184-186.
손덕수. "산업사회에서의 향락산업과 매매춘," 대구효성가톨릭대학교 사회과학연구소(편), 『여성문제연구』 제23집(1998), pp. 91-105.
손미란·노상래. "현실과 이상의 간극 메우기 : 김남천의 『사랑의 수족관』을 중심으로," 한민족어문학회(편), 『한민족어문학』 제52호(2008), pp. 361-398.
손영림. "퇴폐와 휴매니즘에 있어서의 파시즘문학 : 특히 독일문학을 중심으로," 부산대학교 교양과정부 『논문집』 제1집(1970), pp. 65-82.
송은영. "대중문화 현상으로서의 최인호 소설 : 1970년대 청년문화/문학의 스타일과 소비풍속," 상허학회(편), 『상허학보』제15호(2005), pp. 419-445.
송혜영·김승호. "나치시대의 미술사와 박물관," 서양미술사학회(편), 『서양미술사학회논문집』 제29호(2008), pp. 343-372.

송혜영. “나치와 현대미술: 뮌헨의 퇴폐미술전(1937),” 서양미술사학회(편), 『서양미술사학회논문집』 제13집(2000), pp. 113-144.

신범순. “30년대 문학에 있어서 퇴폐적 경향에 대한 논의,” 관동대학교(편), 『관대논문집』 제24집 2호 (1996), pp. 323-340.

신승모. “식민지시기 ‘경성京城’의 문화지정학적 위상에 관한 연구,” 서울시립대학교 서울학연구소(편), 『서울학연구』 제38호(2010), pp. 105-149.

신은경. “손창섭 단편소설의 공간연구,” 고려대학교 대학원 국어국문학과 석사학위논문(2011).

신지연. “1920-30년대 ‘동성(연)애’ 관련 기사의 수사적 맥락,” 고려대학교 민족문화연구원(편), 『민족문화연구』 제45호(2006), pp. 265-292.

신필주. “1920년대 한국시에 나타난 시의식: 오상순·변영로·이상화를 중심으로,” 이화여자대학교(편), 『한국어문학연구』 제13집(1973), pp. 131-165.

신하경. “일제 말기 ‘조선붐’과 식민지 영화인의 욕망: 영화 「반도의 봄半島の春」을 통해,” 경원대학교 아시아문화연구소(편), 『아시아문화연구』 제23호(2011), pp. 79-106.

신해순. “조선 중종-명종년간 사습士習의 퇴폐에 대한 고찰: 중앙유생을 중심으로,” 성균관대학교 부설 인문과학연구소(편), 『인문과학』 제32집(2002), pp. 87-125.

신형철. “가능한 불가능: 최근 ‘시와 정치’논의에 부쳐,” 『창작과 비평』 통권147호(2010 봄), pp. 369-386.

안미영. “이태준 소설에 나타난 유곽의 의미,” 한국현대소설학회(편), 『현대소설연구』 제18호(2003), pp. 219-241.

양삼석. "음악의 정치윤리적 독해: 한국 권위주의 정권하의 대중가요 통제를 중심으로," 한국윤리교육학회(편), 『윤리교육연구』 제23집(2010), pp. 221-248.

연미경. "손창섭 소설 연구," 한양대학교 대학원 국어국문학과 석사학위논문(2007).

오세인. "1920년대 초 '거리(街)'의 시적 표상화 양상 연구: 김억, 김소월, 박종화의 시를 중심으로," 한국비평문학회(편), 『비평문학』 제45호(2012), pp. 337-368.

오양진. "과도기 의식과 멜로드라마적 상상력: 김승옥의 〈강변부인〉에 대하여," 반교어문학회(편), 『泮矯語文硏究』 제33호(2012), pp. 141-163.

우찬제. "자유의 스타일, 스타일의 자유," 『문학과 사회』 통권88호(2009 겨울), pp. 348-366.

유선영. "'동아東亞' 트라우마, 제국의 지정학적 공간과 '이등신민'의 정치학," 한국사회사학회(편), 『사회와 역사』 제94호(2012), pp. 217-259.

유선영. "동원체제의 과민족화 프로젝트와 섹스영화: 데카당스의 정치학," 성곡언론문화재단(편), 『언론과 사회』 제15집 2호(2007), pp. 2-56.

윤은순. "일제 강점기 기독교계의 공창폐지운동," 한국기독교역사연구소(편), 『한국기독교와 역사』 제26집(2007), pp. 177-207.

이경훈. "긴자銀座의 추억: 식민지 문학과 시장," 한국문학연구학회(편), 『현대문학의 연구』 제39집(2009), pp. 309-344.

이광호. "4·19의 '미래'와 또 다른 현대성," 『문학과 사회』 통권88호(2009 겨울), pp. 332-347.

이동연. "저 들판에 푸르른 '러브호텔'을 보라," 이동연, 『대중문화연구와 문화비평』(서울: 문화과학사, 2002), pp. 229-244

이문성. "성묘사의 전통 속에서 본 『변강쇠가』의 〈기물타령〉," 고려대학교 한국학연구소(편), 『한국학연구』 제22집(2005), pp. 121-138.
이봉범. "해방공간의 문화사 : 일상문화의 실연實演과 그 의미," 상허학회(편), 『상허학보』 제26호(2009), pp. 13-53.
이선미. "1960년 전후 (성)문화풍속과 '사랑'의 사회성 : 손창섭의 『부부』(1962)를 중심으로," 상허학회(편), 『상허학보』 제29호(2010), pp. 411-449.
이수형. "자유라는 이름의 정치성," 『문학과 사회』 통권87호(2009 가을), pp. 358-373.
이승연·송지영. "일제시대 인천권번에 대한 연구 : '용동권번龍洞券番'을 중심으로," 인천대학교 인천학연구원(편), 『인천학연구』 제6집(2007), pp. 78-82.
이승하. "1920년대 초기 번역시에 나타난 '퇴폐성' 연구," 한국문예창작학회(편), 『한국문예창작』 제6권 2호(2007), pp. 7-36.
이영미. "모더니즘의 결절과 계기 : 비평과 창작의 지식권력 구조변동에 관한 상상," 구보학회(편), 『구보학보』 제1호(2006), pp. 157-171.
이영수. "Lawrence의 초기소설에 나타난 데카당스 콤플렉스," 한국로렌스학회(편), 『D.H. 로렌스연구』 제10집 1호(2002), pp. 143-164.
이영희. "조선시대 수안보온천의 관광행정," 한국관광학회(편), 『한국관광학회 학술대회 발표논문집』(2001), pp. 127-136.
이영희. "조선시대 온천관광," 이화여자대학교 사범대학 사회생활과(편), 『녹우연구논집』 제39호(2000), pp. 223-246.
이은애. "1930년대 불안, 퇴폐문학 논의에 대한 연구," 한국현대문예비평학회(편), 『한국문예비평연구』 제4호(1999), pp. 341-366.
이임하. "한국전쟁이 여성생활에 미친 영향 : 1950년대 '전쟁미망인'의 삶을 중심으로," 역사학연구소(편), 『역사연구』 제8호(2000), pp.

9-55.

이장욱. "시, 정치 그리고 성애학," 『창작과 비평』 통권143호(2009 봄), pp. 294-314.

이재성. "일본문학에 나타난 전쟁체험 양상 : 오오카 쇼헤이大岡昇平의 문학을 중심으로," 우리문학회(구 우리문학연구회)(편), 『우리문학연구』 제17집(2004), pp. 237-275.

이주연. "염상섭 장편소설의 도시공간연구 : 공적 공간과 사적 공간을 중심으로," 국민대학교 교육대학원 국어교육전공 석사학위논문(2007).

이지현. "오브리 비어즐리의 일러스트레이션에 관한 고찰," 한국일러스아트학회(편), 『일러스트레이션학 연구』 제14호(2004), pp. 25-31.

이태숙. "염상섭의 20년대 연애소설과 유학의 경험," 한중인문학회(편), 『한중인문학연구』 제29집(2010), pp. 231-252.

이태훈. "1930년대 후반 '좌파지식인'의 전체주의 인식과 한계 : 서인식을 중심으로," 역사문제연구소(편), 『역사문제연구』 제24호(2010), pp. 81-124.

이헬렌, "나카지마 아쓰시의 조선소설 : 식민지 도시공간 '경성'을 중심으로," 성공회대학교 동아시아연구소 기획/유선영·차승기 엮음, 『'동아' 트라우마 : 식민지/제국의 경계와 탈경계의 경험들』(서울 : 그린비, 2013), pp. 219-236

이현재. "매춘의 도시지리학과 공간생산을 위한 투쟁," 서울시립대학교 도시인문학연구소(편), 『도시공간의 인문학적 모색』(서울 : 메이데이, 2009), pp. 83-106.

이혜진. "서인식의 역사철학과 쇼와비평의 문제들," 한민족문화학회(편), 『한민족문화연구』 제37집(2011), pp. 7-30.

임곤택. "한국 현대시에 나타난 전통의 미학적 수용 양상 연구 : 1950-60년대 서정주, 조지훈, 김춘수를 중심으로," 고려대학교 대학원 국어국문학과 박사학위논문(2011).

임지예. "1930년대 소설에 나타난 병적 인간 연구 : 이상·최명익·단층파 소설을 중심으로," 국민대학교 교육대학원 교육학과 국어교육전공 석사학위논문(2008).

장미숙·양숙희. "현대 메이크업에 나타난 네오아방가르드 경향에 관한 연구 : 1990년대 후반 캣워크를 중심으로," 복식문화학회(편), 『복식문화연구』 제7집 3호(1999), pp. 412-432.

전민경·정경철. "20세기 현대미술에서 표현주의와 신표현주의 연관성," 한국콘텐츠학회(편), 『한국콘텐츠학회논문지』 제11집 2호(2011), pp. 259-267.

전성욱. "전후의 현실과 섹슈얼리티 : 손창섭의 단편 소설을 중심으로," 경희대학교 인문학연구소(편), 『인문학연구』 제17호(2010), pp. 69-91.

정명중. "파시즘과 감성동원 : 일제하 '국민문학'에 대한 고찰," 호남학연구원(편), 『호남문화연구』 제45집(2009), pp. 337-380.

정수국. "상징파 시와 인생의 비애의식," 한국중국현대문학학회(구 중국현대문학회)(편), 『중국현대문학』 제19호(2000), pp. 87-105.

정원채. "강경애의 소설에 나타난 지식인에 대한 인식," 한국현대소설학회(편), 『현대소설연구』 제42호(2009), pp. 437-471.

조은주. "1920년대 문학에 나타난 허무주의와 '폐허'의 수사학," 한국현대문학회(편), 『한국현대문학연구』 제25집(2008), pp. 7-40.

조형래. "신소설의 여성과 공간 : 신소설의 근대성과 리얼리즘 재고를 위한 시론," 한국어문학연구학회(편), 『한국어문학연구』 제49집(2007), pp. 179-205.

주영하. "'주막'의 근대적 지속과 분화 : 한국음식점의 근대성에 대한 일고," 실천민속학회(편), 『실천민속학연구』 제11호(2008), pp. 5-28.

주은우. "식민지도시와 근대성의 영화적 재현 : 기록영화 〈경성〉과 식민권력의 자기재현" 한국사회사학회(편), 『사회와 역사』 제92호(2011), pp. 39-91.

진순애. "니힐리즘과 시의 탈근대성," 현대문학이론학회(편), 『현대문학이론연구』 제29호(2006), pp. 357-380.

진재교. "조선조 후기 문예공간에서 성적 욕망의 빛과 그늘 : 예교, 금기와 위반의 길항拮抗과 그 변증법," 한국한문학회(편), 『한국한문학연구』 제42집(2008), pp. 87-126.

차승기. "'근대의 위기'와 시간-공간 정치학 : 교토학파 역사철학자들과 서인식," 한국근대문학회(편), 『한국근대문학연구』 제8호(2003), pp. 239-269.

차승기. "기미와 삼일 : 해방직후 역사적 기억의 전승," 한국현대문학회(편), 『한국현대문학연구』 제28집(2009), pp. 309-334.

최미진. "1950년대 신문소설에 나타난 아프레 걸," 대중서사학회(편), 『대중서사연구』 제18호(2007), pp. 119-153.

최지현. "초기 근대시의 시 정서에 관한 몇 가지 가설들의 검토," 서원대학교 교육대학원(편), 『교육논총』 제3집(1999), pp. 75-93.

한명숙·홍세원. "해체현상에 의한 메이크업의 그로테스크적 특성에 관한 연구," 한국메이크업디자인학회(편), 『한국메이크업디자인학회지』 제2집 1호(2006), pp. 15-22.

한민주. "일제말기 소설 연구 : 파시즘의 소설적 형상화를 중심으로," 서강대학교 대학원 국어국문학과 박사학위논문(2005).

한성철. "1920년대 한국문학에 끼친 이탈리아 데카당스 영향 연구," 단국대학교 대학원 국문학과 현대문학전공 박사학위논문(1996).
허 수. "식민지기 '집합적 주체'에 관한 개념사적 접근:《동아일보》 기사 제목 분석을 중심으로," 역사문제연구소(편), 『역사문제연구』 제23호(2010), pp. 133-193.
황미연. "일제강점기 기생의 사회적 활동과 그 역사적 의미," 안동대학교 민속학과(편), 『민속학연구』 제28호(2011), pp. 135-158.

III. 인터넷

http://terms.naver.com/entry.nhn?cid=282&docId=388858&mobile&categoryId=282
http://terms.naver.com/entry.nhn?cid=543&docId=3373538&mobile&categoryId=543.
http://news.khan.co.kr/kh_news/khan_art_view.html?artid=201302012104175&code=940100
http://news.khan.co.kr/kh_news/khan_art_view.html?artid=201302012107135&code=940100
http://news.khan.co.kr/kh_news/khan_art_view.html?artid=201302011947045&code=960202
http://news.chosun.com/site/data/html_dir/2013/04/18/2013041800170.html?news_Head1

: : 찾아보기

ㅍ

ㅎ

퇴폐에 대하여

발행일 1쇄 2013년 7월 21일
지은이 박종성
펴낸이 여국동
펴낸곳 도서출판 인간사랑
출판등록 1983. 1. 26. 제일-3호
주소 경기도 고양시 일산동구 백석동 1178-1번지 2층
전화 031)901-8144(대표) | 977-3073(영업부) | 031)907-2003(편집부)
팩스 031)905-5815
전자우편 igsr@naver.com
페이스북 http://www.facebook.com/igsrpub
블로그 http://blog.naver.com/igsr
인쇄 인성인쇄 **출력** 현대미디어 **종이** 세원지업사

ISBN 978-89-7418-314-1 03340

이 도서의 국립중앙도서관 출판시도서목록(CIP)은 서지정보유통지원시스템 홈페이지(http://seoji.nl.go.kr)와 국가자료공동목록시스템(http://www.nl.go.kr/kolisnet)에서 이용하실 수 있습니다.(CIP제어번호: CIP2013010787)